精算媽咪．珊迪兔

www.sandytwo.com

增值力

強化財務安全的
金錢創富密碼！

MOMMY
= Financial Controller

喜歡自己
讓「理想我」與「現實我」零差距

婚戀教練／婚姻與家族治療師　Lily

還記得當初認識珊迪兔是經由朋友介紹，因為珊迪兔的 Podcast 頻道採訪了多位職人，分享從不同領域切入的觀點，我作為心理學相關的受邀來賓，和珊迪兔一拍即合，在節目上大聊特聊。她的採訪方式能夠引導我延伸出許多議題，對剛認識的人而言，能夠敞開心房的聊天，讓我印象深刻。

透過聲音的傳遞，珊迪兔給我的第一印象，是個十分熱情、很有正能量的女生。後來她跟我說，她想創業，成立一個為媽媽們打造的平台，讓職業婦女都能同時兼顧家庭與自己的事業。她跟我分享了許多她的想法，我忽然覺得，她不僅無私，更是個行動派！也因為如此，我們成為了合作上的夥伴與朋友，無論是開設課程還是生活交流，提供了彼此許多建議和腦力激盪。

珊迪兔她不僅想幫助那些媽媽們，更重要的是，她身體力行實踐著這些理念。對曾經走過低潮的她來說，這不是一件容易的事。我看過許多個案在面臨生命的挑戰時，往往只會抱怨或是一蹶不振，像珊迪兔敢於訴說並且嘗試改變的人，真的很少，也難能可貴。

我們都可能有低谷，每個人都擁有不同的個性，即使是同一件事情，面對處理的方式不同，就會延伸不一樣的發展軌跡。當我們遇到挑戰時，需要不斷嘗試，就算失敗，再去省思並重新來過就好，其實失敗並不可怕，「害怕失敗」才是問題本身。

而這也正切合這本書的理念，我認為，在婚姻或是家庭中，媽媽們找回自身價值的關鍵，就在於「學習」與「自我成長」，找到目標進而努力前進，並從過程中摸索自己想要的模樣。有些人缺乏自信，正是因為「理想中的我」與「現實中的我」有所差距，覺得自己不可能辦得到，甚至害怕、畏縮，進而不喜歡自己。

有些全職媽媽因為重心都放在孩子身上，缺乏工作或是其他面向的成就感來源，以致於跟社會逐漸脫節。其實無論身處在哪個階段或環境，都應該為自己設立目標，才能獲得相應的成就感來源與自信，將目標具體化才能有所成長。

我很喜歡珊迪兔在書中提到的：「每天一點點進步。」只要持續往前，就是對自己的一種肯定，達成目標有許多種方式，過程可能會有挫折、有失敗、有

沮喪，但只要讓自己持續前進，就能往「理想」更邁進一點。希望所有讀者，都能藉由《增值力》這本書，更喜歡自己，讓「現實我」與「理想我」零差距！

過一個講究不將就的簡單生活

電電租—家電出租共享平台　共同創辦人
莊惠珺 Judy

二〇二〇年在一堂由「Herattitude 女性創業社群」所舉辦的活動中，珊迪兔分享了她當時創立「精算媽咪的家計簿」Podcast 頻道的經驗，受到珊迪兔的啟發，我和夥伴小米透過當天課程實作就直接討論好電電租的 Podcast 頻道名，進而開始經營我們的 Podcast。

這段時間看著珊迪兔持續在 Podcast 頻道分享精采內容，也和志同道合的姊妹們合夥成立「MomPower 媽媽商學院」，同時還一邊帶著孩子一邊寫書，發展速度之快足以用「兔飛猛進」來形容，從第一本每個家庭都要有的財務基礎寶典《家計力》之後，一轉眼來到二〇二三年，接續的是第二本分享自我價值到自我增值的《增值力》。

隨著生命階段的不同，我們對於自己的價值也都有不一樣的認知。回想以前高中時想著考上好大學，大學畢業後找個理想的工作，進入職場一段時間後，走入婚姻和老公一起組建家庭，當時我選擇成為全職媽媽，開啟了一段媽的多重宇宙，但往往在帶孩子的家庭日常中失去自我。

我覺察到，自己似乎從來沒問過自己想過什麼樣的生活，於是，每當孩子入睡後，拿出自己的靈感記事本，寫下我在做什麼事情時是感覺快樂的、感受美好的，如同本書中提到的「先回到心態面」，透過書中的提問、測驗與練習來思考與盤點現在的生命狀態。從認識、了解自己開始，找出自我的清晰定位，以終為始來設定目標，為自己增加價值前，得先學會好好照顧自己。

身處龐大資訊量的這個世代，資訊獲取並不難，但如何選擇與判別真正所需要的資訊，反而更需要時時回到自己的內心，遵循內在的指引，內化後逐步產生自己對人事物的觀點，對這個世界的看法。就像「媽媽學習社群」著重在媽媽們的自我成長，鼓勵媽咪們開放可能性，發揮想像力，創造自己的人生劇本，珊迪兔透過易懂的表單及工具引導媽媽們一步一步落實財務基礎，成為家庭財務長，為家庭財務扎根。

書中提到「好習慣也是寶貴資產」，這幾年我深深感受到習慣對於生活所造成的影響，今年我在「時間」、「設計」、「習慣」這幾個主題有一些啟發，無論從事什麼產業或是思考自我的人生方向，適合的設計和良好的習慣可以省下不少時間。

設計屬於自己的生活流程，養成良好的生活、理財及工作習慣，可以多出很多時間專注在自己想要過的生活節奏，珊迪兔透過「用一件我在意的事去搭配一件我需要養成的習慣」簡單有效的練習，一步一步養成習慣後，想要的成果自然而然就會發生。

珊迪兔提到將簡單的日子過得講究，我曾經為了佈置孩子的房間和設計師朋友討論，他說如果你將就，小孩就真的將就了，當時點醒了我，開始在生活與教育的各個面向檢視自身狀態，過一個講究不將就的簡單生活。

孩子接下來面對的世界是我們不認識的未來，目前的市場動向與職涯發展速度快到不是父母們能想像的，未來十年的工作類型，將近八成我們可能都沒聽過，除了陪伴小孩面對世界變化能保有想像力與創造力的靈活彈性，同時，如書中所提到的，讓小孩從生活中學會財商觀念與運用金錢的習慣，父母以身作則讓孩子明白創造多元收入的重要性，傳承增值力。

謝謝珊迪兔接地氣的經驗分享，在她為自己增值的心路歷程中，感受到她不設限的信念，大膽向外探索的同時，也能回到內在中軸，外在的世界是內在的反映，持續為內在價值加深，外在價值加廣，透過這本書傳遞美好幸福影響力。

敢於行動 才是改變的開始

天譽國際股份有限公司　董事長　林倩如

「自我價值」是我所堅持的理念，十分慶幸自己從來沒有因為任何的身分轉換，放棄跟自我對話，因為每個人都是獨立個體，我始終堅信，若因為他人放棄自我成長，未來一定會後悔！

當社會對男女期待不同，女性背負的責任比男性多，最嚴峻的考驗即是身為「母親」的角色。二十五～三十五歲是事業上的黃金衝刺期，亦是女性最適宜生育的年紀，先天限制框限女性發展。

我自小不喜受約束，習慣透過現象看本質，即便身為母親，我仍認為女性該擁有經濟獨立與財務自由，才擁有談「自我價值」的本錢。

每個人擁有不同的自身價值與追求目標。珊迪兔這本書從心態談起，也是我認為最重要的關鍵。女性在尋找自我價值的過程中，心態調整是一體兩面：顯性和隱性。

顯性即最基本的條件——經濟獨立。正所謂「No money, no talk.」換言之，女性若想在家庭關係中擁有話語權，就不能沒有自己可支配的財富。當有金錢的顧慮，女性不論自我學習或其它層面的精進，都會受到限制。

隱性的部分則是女性常忽略的問題：「你是否真正的愛自己？」許多人將金錢都花在孩子、家人身上，卻捨不得為自己買件衣服、吃頓大餐；即使偶爾花錢，也要為自己找個心安理得的理由。

女性對自己好，是不需要理由的！任何人都有愛自己的權利，都有「純粹」對自己好的自由，只有真正的愛自己，才有能量去愛他人。

《增值力》談的不是教你如何賺錢或是如何賺更多錢，在《家計力》打下良好的財務基礎後，只有知道自己要什麼，在家庭無後顧之憂下，才能關注自我成長與價值之提升。下定決心並願意接受改變帶來的挑戰、跨出舒適圈，敢於行動，才是改變的開始！

不要失去心中的光
永遠懷抱向前的力量

台灣—雷伊漢勒世界公民中心　執行長
裘振宇博士

在推薦這本書之前，我想先跟大家分享我的故事。從小，我是媽媽跟外婆帶大的，外婆身為一個外省人，當時被迫來到台灣，和媽媽的生活環境很辛苦。外公和爸爸在外面工作，家裡的家務事都靠媽媽和外婆一手撐起。

外婆是一個非常聰明的女性，可惜在那個年代，因為資源的匱乏，他沒有機會接受教育；尤其那個時代十分重男輕女，女子無才便是德，只要在家帶孩子、打掃就夠了。

在我的記憶裡，只有媽媽跟外婆的身影。爸爸是個優秀的船員，具有良好的收入，但代價就是和家人聚少離多，畢竟船一出航就是一年半載。甚至在我七歲之前，我都不認得爸爸的模樣，當爸爸難得回家時，我還以為是不認識的叔叔來家裡借住。

在那樣的環境下，爸媽雙方都犧牲不少。當時爸爸決定不再跑船了，他知道和家人之間缺少了太多陪伴。那時他和媽媽都認為，結束跑船的工作，增加彼此相處的時間，一切都會好的。但沒想到，爸爸的收入頓時銳減，僅有當初的十分之一，當家裡開銷各方面都不夠時，開始出現各種問題與爭執，情緒不穩的他，甚至會家暴。

媽媽當下決定，她不能再待在家裡了，她也需要出去工作，才有足夠的收入。所以她去了電子工廠上大夜班，在白天照顧孩子的情況下，利用晚上再去工作；後來還當了壽險業務員，一做就是二十五年。她不僅重新整頓家中財務，也幫助其他人瞭解儲蓄、理財的重要性。我和妹妹可說是媽媽一手拉拔長大的。

在當時那樣艱苦的環境，如果沒有媽媽，就不會有現在的我。所以我想表達的是，我們的生活中有許多偉大的女性，但她們的付出常常被忽略。我在國外的時候，最讓我難過的，是在一個四十度的高溫下午，我看見一個媽媽抱著嬰兒，在路邊的大型垃圾桶翻找著食物……大家或許很難想像，但在戰亂的年代，這些都是難民們的日常。

所以，我決定成立世界公民中心，希望可以幫助更多難民，因為這些難民當中，多數都是婦女跟小孩；土耳其日前發生大地震，更讓我看到許多家破人亡與生離死別的案例，但那些女性們，為了孩子，還是努力讓自己堅強，努力改善現

況。

無論是戰亂下的難民還是大地震的災民們，很多都失去了親人與家園，要讓他們重新振作，找回生命中的希望，賦予他們學習和工作機會是一件很重要的事，這會讓他們覺得，他們仍然是有貢獻的。透過工作時人與人之間的交流與相處，也能讓他們走出獨自悲傷的環境。

我在那些婦女身上看到我媽媽和外婆的影子，這也是為什麼我想推薦珊迪兔的原因。珊迪兔的第一本書，協助媽媽們如何整頓財務，而這本《增值力》，相信會給許多媽媽們鼓勵，讓她們重新找到自身價值，找到生命的動力。這本書不僅提供了方法，從自信的提升到家庭照顧的面向、甚至回饋社會的責任感，這是從個人推展到群體的過程，相信能給很多讀者成長的方向與幫助。

有時一句話，就有無窮的力量，人與人間的幫助是非常難能可貴的。感謝珊迪兔透過她的影響力，協助世界公民中心為震災募款。我由衷希望，不管是難民們，還是身處在弱勢的媽媽們，都能擁有財務上的自由、受教育的權利與工作的機會，永遠都懷抱向前的力量。

成為更好的自己

孩子的理財力教練　子欣

我在推廣兒童理財教育的過程中，因緣際會下認識了精算媽咪珊迪兔，她跟我們一般人相比，可以算是含著金銀湯匙出生，但遇家道中落，從山頂跌落山谷。

「一個人的成功，是看他如何面對失敗。」她沒有自怨自艾，不但勇敢面對財務問題，甚至用自身經驗分享給更多爸媽家庭理財觀，進而成立媽咪商學院，希望引導更多媽媽們能更有自信、發揮自己的價值。

在多次聊天中，我發現我們有許多教育、女力的理念相同。我是一位產業界的財會主管，也是二寶媽，在教育自己孩子財商的過程中，發現成人理財與兒童理財大不同，因此投入兒童理財教育領域，開始多重的斜槓身分。

我的人生宗旨：「成為更好的自己」。

我非常榮幸能夠在工作和生活中不斷的成長和學習，我相信每一位女性都有無限的潛能和能力，只要敢於突破自我、疼惜自己，就能夠創造出自己的價值和影響力，成為更好的自己。

女性常常身兼數職，扮演一位媽媽、妻子、女兒、姐妹和朋友等等，同時需要面對許多壓力。在投入家庭與教育孩子的過程中，更常常會被所謂的「你應該……」、「當媽媽就要……」等等框架綁住。

透過這本書，可以分享給更多人，想活出更精彩幸福的人生，其實可以自己掌握。

我們可以透過許多方式增值自己，例如：學習新技能、拓展人際網絡、閱讀、旅行等等。這些經驗可以幫助我們擴展自己的視野和知識，讓我們更加自信和有智慧的面對人生的各種挑戰。

同時，我們也需要學會勇敢說「不」，這並不意味著我們不應該為他人付出，而是要保護自己的時間、能量和資源，以便更好的發揮自己的潛能。

作為媽媽，我需要照顧好我的孩子，讓他們健康成長，學習到各種重要的知識和技能。同時，我也需要關注自己的職業發展和個人成長，不斷的探索自己的能力和潛力。並且為我的孩子樹立榜樣，讓他們成為更好的自己。

最重要的是，這一路上你不會永遠信心滿滿、樂觀正向，總有失落、沮喪、無力的時候。這時候，你需要有人陪伴，社群可以陪你一起聊聊度過；想安靜潛水時，這本書也可以安靜的陪你自我療癒。

最後，我跟珊迪兔一樣想鼓勵所有女性，要相信自己的價值和潛力，勇敢的迎接挑戰，並不斷的學習和成長。

世界的進步，靠每個人在自己的位置上各盡本分、發光發熱。相信我們每一個人都有無限的潛力，只要敢於嘗試，就能突破自我，讓我們一起「成為更好的自己」！

讓自己比昨天更好

作家／職涯教練　讀者太太 Mrs Reader

珊迪兔說：「成功其實很簡單，只要你今天比昨天的自己更好。」還說：「失敗不可怕，害怕失敗才可怕。」

她的新書就是在教大家如何以培養「增值力」的方式，來讓自己成為比昨天更好的版本，面對暫時的失敗時也不會害怕，因為具有增值力的人知道自己的價值在哪。

推薦這本書給有心打造職涯願景的人，相信你會從中發現更多實用的人生智慧。

女人的價值要用柔軟的手創造

親子理財媽咪／正向教養講師　媽咪老師 Cindy

「女人越老越沒有價值。」

所以上一輩父母們會逼著女兒趕快結婚和生小孩，彷彿進入婚姻就擁有幸福美滿的人生結局。事實上大部分女性成為母親後，有了家庭與孩子的羈絆，常被迫選擇非專業的兼職打工，或是當全職媽媽暫離職場。

但我相信——我是媽媽，也可以做自己。

精算媽咪珊迪兔提出「可以重新設定自己的角色」。現今科技與自媒體的發展，即便是想留在家庭育兒的媽媽，也能透過書寫、影片等社交平台發揮所長。我便是受益者之一，我以家庭為主，利用閒暇時間寫育兒部落格、臉書粉專

進而學習正向教養，成為線上正向教養講師。

女人的價值，要用柔軟的手創造。閱讀《增值力》，幫助自己越來越有價值並擁有想過的人生。

每位老母都是閃閃發光的鑽石

Podcast 頻道「行行出老母」共同創辦人／生涯諮詢師　海倫

很榮幸受邀為珊迪兔的第二本書寫推薦序，老母成就再度解鎖。

能認識珊迪兔是很令人雀躍的緣分，總是蟬聯 Podcast 收聽排行榜前兩名的珊迪兔一直是「行行出老母」節目仰望的目標，謝謝珊迪兔成為了我們的「精算老母」，她徹底實踐了書中提到的「擴張同溫層」概念，老母的力量與聲音才得以聯手壯大。

如果說《家計力》是「建構家庭財務安全」的基礎方針，那《增值力》就是「養成自我價值感提升」的最佳引導，這本書特別適合媽媽閱讀，特別是想創業的媽媽們，透過書中一步步帶領，讓忙碌於家庭卻又想自我實現的內心需求得以釐清方向，自我價值得以建立提升，開創能力得以清晰盤點，而這些都是珊

迪兔的實戰人生為我們帶來的寶貴經驗。

特別的是，這兩本書都有個非常貼心的設計，透過各種練習與操作讓讀者得以置換自身狀態，將各種概念以更貼近的方式落實於讀者的生活，避免了想法我都懂，但不知從何實踐的無助感。

就生涯諮詢的觀點而言，要能穩健的在職涯上盡情發揮，「認識自我」是非常重要的第一步。特別是媽媽族群們，全職老母在瑣碎家務消耗中，容易忘卻了自身原有的能力與光彩，職業婦女們在家庭育兒與職場責任裡兩頭燒，在滿足所有人需求之後，才發現丟失了自己。無論是在職場、家庭或是創業路上衝鋒陷陣，「自我心態的調校與覺察」也是持續成長的必備基礎，這兩種能力在「心態重設」、「人生探索」與「自我覺察」章節都有很細膩的帶領，即使只是方向的微調，都能拉近與設定目標的距離。

兩年前我和左邊創辦「行行出老母」Podcast 頻道時，期待透過各行各業老母的訪問，讓更多人看見老母的價值，果真各領域老母的專業與人生故事都精彩的讓人入神。但訪問中，我們總會特別詢問受訪者在職場上遇過的最大挫折，我們發現，老母面對挫折時的掙扎與克服過程才是讓人最有共感的部分，人生哪有天天過年，只要聽眾有機會因節目轉念並回應自身處境，其實就夠了。

如同珊迪兔在作者序中問大家的：「身為父母，你們想讓孩子長大之後成為有錢人，還是幸福快樂的人？」這堂花了珊迪兔大半人生而悟出的哲理，若能幫助讀者重新思考人生，應該也就夠了。

想要改變未來，就要改變現在。《增值力》裡的每個觀念，都能協助我們調整自己往更好的地方前進，除了財務觀念與自我價值認知，更多的是人生各階段中需要往內心探詢的過程。

每位老母都是閃閃發光的鑽石，而這光芒絕對能靠我們自己雕琢。

打造「幸福的家」而不只是「有錢的家」

心態不同，天差地別

「有錢」和「幸福」這兩個大目標雖然都需要「錢」，但是過程中的心態與行動只有百分之三十重疊，心態不同，行動上將會有百分之七十決定性的差異！

身為父母，你們想讓孩子長大之後成為有錢人，還是幸福快樂的人？

「我已經這麼努力了，為什麼總是不夠好？」這個念頭總讓我感到身心俱疲，覺得好累喔！

始終認為自己應該再更好——這個念頭長年鞭策著我。一旦有人指教，我總認真放在心上試圖改進，這過程使我快速進步，也學到了很多技能；理論上，我應該離快樂越來越近，不是嗎？但反覆否定自我又起身追趕卻讓我挫折不已：「都已經做到這樣，難道還不夠嗎？」越來越優秀的自己卻反而更沮喪了。

有次在誦讀兒童繪本《你很特別》給我兒子聽時，對繪本總能「以簡單的小故事詮釋人生大道理」頗有共鳴。

書中有群愛幫別人貼貼紙的小木頭人，每天出門都在評價別人，覺得你優秀就在你身上貼一枚金色貼紙，覺得你不好就在你身上貼一張灰色貼紙……於是這些小木頭人都用自己身上的貼紙顏色來確認自己的價值；然而，一旦這些小木頭人真正能認同自己、欣賞自己時，所有的貼紙都會剝落，再沒有比較值——**你就是最特別的自己。**

重新整理過自己的心態後，我發現自己也該如此。正因為過往曾努力付出，成就了現在的自己，相信自己其實很不錯，無須讓人隨便來定義我。

自我增值＝找到適合自己的快樂

因此，雖然本書講的是**「自我增值」**，但我更希望正在閱讀的你——**「優先放下過度的自我期許，找到最適合你的快樂。」**從心出發，找尋適合自己的腳步，無須外求；或許你會發現，現在的你其實已經夠好了。

我的上一本書《家計力》著重於幫大家建構自己的「財務安全」，因為我認為財務安全是幸福的根本，一旦缺乏穩定的經濟基礎，人很難「心靈自由」。我相信有許多面臨情緒崩潰、失控邊緣的人，很大的比例是因為金錢匱乏，過多的不安與擔憂使內心無法平靜。

然而，我們不需變成富翁才能快樂，我們需要的是「財務安全」，算出自己需要多少錢做出「足夠」的計畫，而不是毫無上限的苛求自己，藉由認清這一點，就能釋放內心的壓抑。

探索自己獨一無二的人生核心

實現自己的夢想和目標是我們對人生的承諾，但倘若個人使用金錢的習慣不好，便很容易失信於自己，想要存錢買房給家人過好生活，但卻忍不住一直亂花錢再來後悔。我認為，想要破解金錢密碼最重要的關鍵就是——**確立自身的信念及行為**。

當快速致富成了顯學，大家都想投資致富，人們只關心理財的表面技巧，以為學得夠多就能變有錢；因為急功近利，匆促決策、缺乏長遠規劃，反而在追求財富的路上越追越累……你必須明白，儘管理財的知識技術很重要，但這並不是問題核心。

透過這本《增值力》我想分享認識自我價值的各種面向，我會從**「心態重設↓人生探索↓自我覺察↓永續學習↓與人合作↓創造舞台↓回饋社會↓傳承你的增值力」**等連貫性的議題主軸來跟大家一起探索人生。

身處於充斥競爭比較的社會價值中，你我依然可以靜下心來，透過對自我價值認知的提升，找到屬於自己獨一無二的幸福。

人生真的沒有什麼是「非得如此、應該怎樣」的，所有的價值關乎一心，端看自己的體會，無須跟他人比較。期許讀者們能藉由閱讀本書而得到收穫，讓我們一起邁向**「財務安全、心靈自由」**，成就更好的自己。

sandytwo 珊迪兔

Contents

Chapter 1
心態重設

Chapter 2
人生探索

Chapter 5 與人合作，創造舞台

Chapter 6 突破限制，永續學習

Chapter 7 尋求支持，從修復裡感受幸福

Chapter 8 社會責任

Chapter 9 跟孩子一起，傳承你的增值力

結語 終生學習，使自我發光！

附錄 會員讀者見證

Reset

“

心態重設

”

www.sandytwo.com

Chapter One

女性的職涯探索

1.1

職場女性的崛起

許多事情我也是當了媽媽之後才知道的。女性在踏入生育階段後，變身為妻子、母親這個孕育生命的新角色。不可諱言的，女性在家庭中所扮演的角色的確跟男性有所差異。

根據二〇二〇年內政部人口結構分析統計，在台灣，每一百個女生只會對應上九十八點三個男生，台灣社會的人口結構是女多於男；但是根據勞動部二〇二〇年的統計數據，事業單位主管和經理人的男性比例是百分之八十二點一四，女性則是百分之二十七點八六，經濟部登錄公司負責人的男女比例則是男性百分之六十二點九，女性佔比百分之三十七點一，且女性公司事業規模較男性小很多，資本額高的公司有百分之八十八點六的負責人為男性。

台灣的社會氛圍與公民素質在兩性平權的觀念上雖然無庸置疑，然而影響女性職涯規劃的最大因素，不在明文規定的法條上，而是源自於兩性先天生理與心理上的不同。

在女性的成長過程中，傳統觀念教育女性應以家庭為重，因此一旦職場外派、晉升等機會與家庭需求相衝突，包含育兒的親職需求，社會上普遍期望女性退居家庭以支持男性的職涯發展，這一點無形中造成了女性職涯的斷層，女性主管為了同時兼顧家庭與社會期待，常容易因此產生壓力與罪惡感。

Facebook 營運長雪柔・桑德伯格（Sheryl Sandberg）本身也是位母親，她曾表示：「沒有人能魚與熊掌兼得，男人沒有這種需兼顧家庭與事業的煩惱，但對女性來說，這卻是一大挑戰。」

女性成為母親之後，為全職育兒脫離職場，幾年後競爭力逐漸落後，常不願再面對挑戰，就算重返職場也不再相信自己還能擁有抱負，於是不知不覺就失去熱情，將機會拱手讓人，放棄那個曾在職場發光、熱愛生活的自己。

但我認為，就算身為媽媽仍能熱愛工作，這是不該被剝奪的權利。接納自己的現況，認清現實，在有限的條件下不自我設限，持續不斷的學習，堅持做當下能做的事，階段性提升自己，等待機會，創造未來，學習的速度可以放慢，但不

要停擺。

許多人問我創業的初衷，我總是這麼回答：「我想讓更多女性獲得幸福。」但仔細回想，在我創業之初，其實沒有什麼冠冕堂皇的理由，當時的我開始做 Podcast 也只是單純分享，從沒想過自媒體會造就我的事業。自己是因為聽眾、學員的陪伴與回饋，讓我感受到溫暖與支持，進而產生了使命感跟自信心，才讓我更有勇氣成就理想，創造自己的舞台；同時我也感謝自己，從頭到尾都未曾放棄，堅持提升自我，我始終相信——自己一定可以更好。

自我成長是一段驚奇的旅程，當自己越來越進步，能完成的事情越來越多，就會越發相信自己沒有極限。於是我從一個人開始的自媒體，進而成立了媽咪學習社群，為使社群平台合法經營並成立了公司，透過提升自我、為自己增值，成果不但反應在財務上，更修復了自我、改善家庭關係，讓自己的能力被看見。

親愛的，無論你的角色是不是媽媽，都得為自己多準備一份專業能力，創造出一份工作加一份事業或志業，工作是階段性任務，而事業則是以生涯為跨度的人生規劃；不只是斜槓，而是職涯１＋１。當現實生活中沒有舞台，我們就自己創造一個，無須自我設限，你也可以愛工作、愛自己、愛生活。

為自己多準備一份專業能力，創造出一份工作加一份事業或志業。

愛工作、愛自己、愛生活。

1.2

邁向財務安全

你的財務安全嗎？

如果你的財務堪憂，那談什麼理想都是枉然。首先我們必須要正視自己的財務問題，讓自己的財務處於安全的狀態，心才能定下來。為此，我們必須先給「財務安全」方向跟定義。

「錢賺夠了就幸福了？」我在這個問題上打了一個大問號。誰說賺夠了錢就能使所有生活中的困難消失、人際關係變好？難道孩子會突然變得聽話、另一半從豬隊友變神隊友、工作夥伴都相愛友好，從此以後就萬事如意？我認為光是「要賺很多錢」本身就是一個極大的壓力，如果我們沒有認清錢是拿來做什麼用的，讓錢發揮最大的效能，錢對生活的影響力可能不見得有你想像的這麼強大。

如果我們希望更全面的看待幸福這件事，讓自己過得更好，則必須認清——錢只是其中一個要素，因此我再三強調「財務安全，心靈自由」這個大目標，因為只有搞定自己的心，生活才會舒服，只要我們能靠自己的力量創造幸福，追求剛剛好的金錢與生活，每個人都能為自我與他人帶來更多價值，就是最美好的人生。

時間自由、心靈自由、選擇自由、人生所有的自由都以財務安全為基石，每個人都該將自己的金錢管好才能實現自己的夢想生活。

我自己對於財務安全的定義非常簡單，無非就是以下六點：

1 不需要為了每個月的帳單而煩惱。
2 有足夠的錢買我需要的東西。
3 可以讓孩子接受良好教育。
4 不要有不良負債。
5 退休後不會成為下流老人。
6 有能力為他人貢獻，成為手心向下的人。

擁有創造收入的方式能讓我的生活時間自主性高，無須因巨大的壓力而被迫

$ 珊迪兔財務安全的定義 $

1. 不需要為了每個月的帳單而煩惱
2. 有足夠的錢買我需要的東西
3. 可以讓孩子接受良好教育
4. 不要有不良負債
5. 退休後不會成為下流老人
6. 有能力為他人貢獻

追逐金錢，行有餘力還能對社會做出貢獻，那正是我心中最理想的生活。

因此我創立了現在的媽咪學習平台，擁有多元的收入，投資台美股ETF、海外房產，投資朋友公司、自己創立一間公司，我講課、寫書、寫專欄、錄製Podcast，其中最讓我感到驕傲的是——我是一位親自陪伴孩子長大的媽媽。

曾經歷財務匱乏的我，也一度迷失在金錢的世界裡，總覺得自己所面臨的問題都必須得賺很多錢才能解決。於是我在最窮的時候借了一筆錢跟朋友一起創業，幾乎無時無刻都在想著要怎樣才能賺更多的錢，投資人喜歡什麼我們就做什麼，賽道上有哪些議題我們就做哪些議題；由於時常出差，跟老公的關係也變得疏離。

但當時的我還以高工時為傲，自認這正代表自己很努力。不論是寒冬中踩著高跟鞋走在北京的雨裡，或是球鞋裡的腳指頭根本凍到沒知覺，還得在擁擠的車陣中攔計程車趕回飯店繼續開會……當時的我選擇堅持，一旦結果不如預期，我還更加投入，總覺得一切都是身不由己，為了賺錢，會這麼忙也是不得已，這是沒辦法的現實。

我發現自己越來越像我的父親，帶著全家人去日本迪士尼跟美國拉斯維加斯玩都還是拿著手機拼命工作、眼睛不會直視我們。對他來說，賺更多的錢就是他愛家人的方式，而我發現自己正在成為這樣的人！當我意識到，繼續這樣下去我並不快樂，且這樣的生活方式正在破壞我的家庭關係時，我決心要做出改變。

從前的我總是拼命賺錢，覺得帳戶裡的錢越多越好，但現在的我已經整頓好自己的家庭財務，設定了目標並建構出理想的收入模式。我畫出人生財務藍圖，知道自己賺多少錢能滿足我的「現在」與「未來」計畫剛好夠用，這一點大大的幫助了我安定自己的心，不用再盲目追求無限大的金錢；為了找出適合自己的生活樣貌，我調整了自己的心態，選擇放棄追逐奢華的物質生活後，心情變得暢快無比。

每個人心目中的理想都不一樣，其樣貌也只有自己清楚。有些人丈夫薪水不

高，身為家庭主婦必須省吃儉用，甚至厭倦跟公婆伸手拿錢，也有人是單親媽媽一個人帶著兩個孩子奮鬥努力，也或許你丈夫是坐擁高薪但強勢獨斷，還有人家庭關係和諧，但總覺得生活缺乏熱情，想自己闖一闖……究竟那個啟動你想改變自己的開關是什麼？這一點是我們必須深入探究的，因為這就是你的力量來源。

我們必須相信自己，有能力以自己的力量創造幸福，同時願意學習運用財務、能力、知識，親手設計出專屬於自己的美好生活。

有效管理金錢！錢花在哪裡，成就就在哪裡

早幾年我開始面對自己的資產，從八百三十八元開始努力盤點資產，省錢、賺錢、存錢，面對每個月讓人感到不安的財務狀況，足足花了兩年的時間，在持續還款的情況下設法讓現金流順暢，並且開始投資；畢竟一個三口之家，加上有長輩要孝養，存款沒有個上千萬，很難安心過日子。

近幾年來雖然我的財務狀態已經翻轉，不再需要如此儉省，但是我已養成了節省與投資的習慣，將省下來的錢用來買各式各樣的資產，有錢就拿去投資，甚至將緊急預備金都存放在躉繳型儲蓄保單中，自己身上只放零用金；生活開銷除了事先規劃好的部分外，根本不留多餘的現金，這樣自己就無法恣意亂買東西，

也使我的儲蓄率提高，資產增加速度變得更快；同時尋求開源，自己也開始開設公司。

在財務狀況最辛苦的那段時間，我出門幾乎只坐公車捷運，非必要不吃餐廳，除非不貴否則不太跟朋友聚餐，聚會也刻意吃飽再赴約，到場只點飲料；不太買衣服、化妝保養品，更別說唱歌、看電影了，能走路就不坐車，邊運動邊聽podcast，還省下了健身房的錢；旅遊也只到門票便宜的公園、農場；完全不買飲料，都帶水壺出門。雖然我如此節約，但是我深信——持續學習正是保持競爭力的關鍵，每年一定會預留大約八到十萬的進修學習預算，特別重視學習成長。

雖然現在我家的財務狀況比起當時已經好了許多，但我基本上仍維持著當時養成的儉省習慣。有了小孩後，冷氣不能省，該開就得開；也開始有孩子的教育開銷，上游泳課、運動課、英文課，偶爾還是得坐計程車才能應付。關於孩子的課外活動預算，我估計每年十二萬；還好因疫情關係只能在台灣跑跑，旅遊支出大幅減少；並將自己的學習預算下修到六萬……慢慢的，我也在管理日常生活開銷的同時開始偶爾放鬆，不再需要這麼戰戰兢兢。

每次當我重新盤點家庭所有資產跟投資項目時，我都會深深被自己感動。想有效管理金錢，適當分配支出的輕重緩急，花錢絕對比賺錢重要。錢花在哪裡，成就就在哪裡，知道自己走了多遠真的很重要，慢慢來才能走得又穩又好。千萬不要以為換工作、升值加薪、錢賺夠多就會變快樂，真正的成功絕對是

從日常的細節累積出來的，必得要你願意改變，努力去執行而來。

或許擁有金錢能降低你的不安、維持生活品質，但無法讓你變得幸福快樂；使你感到幸福與快樂的關鍵重點在於——你有沒有好好的整理自己、盤點自己、了解自己、放鬆自己，讓自我價值感一次又一次提升，一路為自己增值。

時間自由、心靈自由、選擇自由、人生所有的自由都以財務安全為基石，每個人都該將自己的金錢管好才能實現自己的夢想生活。

成功無法複製

1.3

你的成功模式在我身上不管用

「你我的人生經驗大不同」——這一點我想多數人都會同意。世界上沒有兩個人的人生經歷會一模一樣。你是否相信「挫折其實是禮物」？用什麼心態面對挫折，才是使我們漫漫人生走向不同發展的分水嶺。

如果我未曾遭遇困難，或許我會變成一個養尊處優、不知上進的大小姐；若未經歷刻骨銘心的失戀，我或許不會有現在的美好家庭；如果不曾在商場上遭受欺騙，或許我就不會認真的搞懂財務跟合約……

回想起自己的故事，越慘痛的經歷對我影響越大，成長也越多。雖然也曾痛

苦低潮，甚至認為世上沒人肯定我，做什麼都是多餘，一度懷疑自己為什麼活著……生活處處是打擊，我想，人人都曾面對不知何時才能結束的痛苦，但卻不是每個人都擁有從谷底爬起、重新出發、創造自己幸福的能力。

過去我偏好閱讀偉人的成功學，也愛看蘋果、亞馬遜、麥當勞創辦人的自傳，然而從閱讀這些創業家的故事中讓我發現，每個人成功的路徑幾乎完全不同，天時、地利、人合加上他們的人格特質所創造出來的機緣，他人根本無法複製，人們卻常常誤認讀了偉人故事就有機會複製成功？然而，成功真的無從複製起，也沒有SOP可循。

如果認清巨大的成功無跡可循，那麼退而求其次，能不能只求「一邊賺錢同時能顧小孩」就好？於是直銷成了很多媽媽的選項之一。「究竟做直銷好不好？我朋友做直銷賺很多錢耶！」這個問題的答案其實蠻單純的，直銷只是一種把產品銷售出去的通路模式，如果公司產品好又合法經營，當然沒問題；只是，朋友能賺很多錢並不代表你也能賺很多錢。我觀察過一些直銷領袖，發現他們身上其實都具備著業務跟領導的特質。

那麼「寫部落格、拍YouTube影片，做自媒體好不好？好像很多人因此而成功。」的確，這幾年因為網路興盛，確實有些新興行業崛起，但不知你是否發現，那些「看起來很容易成功的人」，在其原本的工作領域職場綜合表現，往往都具有一定水準。

這些人的成功不是因為他們做什麼行業，而是來自於個人特質：溝通能力好、執行力及學習力佳，能夠整合資源、掌握重點。對他們來說，只要夠了解自己，無論從事哪種行業都容易成功。因此我們需要有意識的讓自己學習「特質」，然後思考適合自己的方法，而不是模仿表面的「行為」。

當然我也曾經認為：「平平凡凡就好，幹嘛這麼努力？」但後來發現，縱使想要平平凡凡過日子也不是件簡單的事。幸福而平凡的日子是需要透過努力累積而來的，如果拒絕吃苦，自認平凡就好的那種平凡，徒然放任時光一天一天流逝，取而代之的只會是一事無成的巨大失落感——「茫然的平凡」，最終只會得到全世界與你為敵的無助感。光是「幸福而平凡」本身就是一種成功了，並不需要多出類拔萃。

如果你對自己的未來完全沒有想像，不思進步也不學習創造，這樣的你所能得到的只是癱軟無力的平凡。正因為每個人心目中所謂的幸福是由自己定義，每個人所感受到的幸福模樣各不相同，所以，只要你決定起身追求想要的幸福，你心中的平凡幸福就會離你越來越近。

光是讀書還不夠

使自己進步的最經濟方式就是「閱讀」。我許多資訊的來源都是從書本或

是聽演講而來，但不是聽完看完就會有所收穫，多數人接收完新資訊後，五天後所有內容都會忘光，除非是吸收了這些知識，將其轉化為自己的見解跟行動方案，才能真正將知識內化為自己的一部分。而這點通常也跟個人的自身經驗累積有關，世上雖然沒有人人適用的成功方程式，但我發現，成功人士通常具備一些共同的特質，使他們就算身處低谷，也總有辦法讓自己恢復到水準之上。

1 成功人士總具備自己獨到的「見解」，不會人云亦云。

這世上所謂的成功者多半沒有從眾心態。所謂的「從眾心態」是指跟隨絕大多數人的判斷走。「這麼多人都做出這樣的選擇，我跟著準沒錯。」如果你是在巷子裡迷路，的確這種方式可以很快的幫你找到出口，因為住在那條巷子的居民基本上都具有走出巷子的能力；但如果你是想闖出一片天，我想，這世上多數人的建議都不適合跟從，畢竟世界上百分之八十以上的人都是平凡人，少數服從多數的結果顯而易見，多數時刻你都得要有自己的見解或是接收到金字塔頂端那百分之二十，甚至前百分之五頂尖人口的思維，才能走出不同的路。

2 成功人士善於面對失敗，每次失敗都是自我再次升級的契機。

想要成功，勢必將面臨數不清的失敗，遇見挫折後重新站起來告訴自己：

「這個方法不對，我只是還沒成功。」然後嘗試其他方法繼續向前，沒有任何人能未經失敗就直接成功，你能承受多大的失敗，未來就能取得多大的成功；臣服並享受過程必能有巨大累積，就算是天才鋼琴家也需要辛勤苦練才可能技巧純熟，遇到高難度的演奏曲目一樣會感到挫折；面對逆境，困惑人人都有，但如果失敗一次、兩次就放棄，那將注定一事無成。

我的兒子是獨生子，非常喜歡交朋友，也很主動積極。有一次朋友帶兒子來我們家玩，朋友的孩子是個冷靜沉著的小男生，跟我兒子當時同樣都是四歲，但個性差異很大，我兒子相當熱情的分享玩具、分享故事，時不時找他玩，但這個小男孩始終無動於衷；我看著我的孩子主動拿玩具過去示好：

「一起玩吧！一起玩比較好玩。」

「你要不要玩我的車車？」

「我有餅乾喔！」

「那現在可以一起玩了嗎？」

「你喜歡機器人嗎？」

「我們可以當朋友嗎？」

一次一次的不斷嘗試，當天朋友待在我家整整六個小時，我看著我的孩子不斷的嘗試、失敗、失落、再次嘗試、又失敗，跑到我身邊哭泣一陣子又再想新的

辦法，不斷被拒絕對一個年僅四歲的孩子是多大的打擊，我安慰並且鼓勵他再繼續嘗試，最終朋友的孩子打開了心房，現在他們可是最好的朋友呢！

成功的人都相信自己會成功，因為只有你相信自己會成功，所有想達成的事才有可能實現。如果當時我的兒子放棄了，他就不會擁有這個好朋友了。當你自己都懷疑自己時，那麼失敗只不過是你預期之中會發生的事情而已。唯有抱定信念，相信自己能完成使命，才有目標追尋。

我給自己的目標是：「有能力影響十萬個家庭，一起財務安全，心靈自由。」

台灣總家庭戶數將近九百萬戶，十萬是只是其中的冰山一角，但我相信，只要發揮自己小小的影響力持續努力，目標就有達成的一天。這個信念跟使命可大可小，你可以單純想「帶全家人去Disney玩」，也可以像蘋果創辦人賈伯斯（Steve Jobs）一般，立下「改變全人類使用手機的習慣」的宏願；但如果對人生沒有追求，每天的生活就會過得盲目，缺乏信念很容易使自己庸庸碌碌，終其一生都不知道自己為何而生。

成功其實很簡單，只要你今天比昨天的自己更好

「媽媽，我自己穿衣服成功了！」這是我兒子三歲兩個月時，第一次順利把上衣套進自己身上時興奮對我說的話。當時他穿衣服總是會正反不分，穿褲子

也時常屁股口袋在前面，剛學會穿衣服的他時常跟我炫耀自己穿衣服成功了，爸爸看到衣服褲子穿反，總是會忍不住糾正他、教他如何才是正確的穿法，我則有時睜一隻眼閉一隻眼，任憑孩子享受成功當下的喜悅，直到下次他再練習穿衣服前，才再次跟他說明怎麼穿才正確。

對一個剛滿三歲的孩子來說，我覺得他一直都在進步，因為每天的他都比昨天的自己更好，無須跟他人比較，就算是長大成人後也一樣，成功不用跟誰比較，你就能定義自己的成功。就像我兒子一樣，他覺得他成功把衣服套在身上就是學會了自己穿衣服，還給自己大大的肯定，這不是超棒的嗎？

你也可以成為那個給自己肯定的人，當你確實認真的過每一天，能在當下感受到踏實與滿足，你就是成功的，無須跟任何人證明。

- 「幸福而平凡」本身就是一種成功了，並不需要多出類拔萃。
- 成功人士眼中，永遠看到的是「可能性」，而不是「困難」。
- 失敗不可怕，害怕失敗才可怕。

1.4 「你」是你故事的主角

當自己人生的編劇

我婆婆很愛看鄉土劇，她總是會一邊看電視，一邊對劇中的角色指手畫腳一番：「哎呀！他應該答應的。」「誒！他把好人當壞人了啊！」「袂當留（不能留）啦！」然後開始會對這個角色產生好惡：「這個女人好壞喔，她陷害親妹妹流產了！」……的確，當一個角色被賦予了個性與內涵，被演員詮釋得淋漓盡致，就跟我們的人生一樣，非常真實。

看小說或戲劇時，我們會討論每個角色，舉凡他的個性、情緒、做出的決策，甚至說出的話都得一清二楚，因為事不關己，所以特別客觀，反而能做出最適當的反應。

偶爾跳脫劇本觀想，也許會覺得「誒！這個女的好像有點討人厭。」「這個主角很有內涵，好有智慧！」甚至會把自己融入劇情中，想像著「如果是我會怎麼做」。

原來我們都有解決問題的能力，難是難在當主角是自己時，很難客觀。

有天我和朋友喝著甜白酒聊天，當時的我面對生活裡的諸多糾結、難以決定，深刻的感到無力，總覺得自己無論多努力，都難以改變命運，在朋友面前哭得唏哩嘩啦。她當頭棒喝的問了我一句：「如果你的故事是一本小說，你不是你，你只是正在讀小說的那個人，你會怎麼解決這些問題？」當下的我立刻陷入沉思，客觀的看待這本精彩的小說。主角雖然特別用力，但看事情的角度似乎偏移了重心，在錯的地方過度努力……改變了自己的視角之後，我還真的就此分析出故事主角的迷思，並立刻想出三到五種解決問題的方法。

這個方法對我很有幫助，因此我整理了以下幾個問題，可以幫助我們重新檢視屬於自己的人生故事。

1　如果我的人生是一部戲，我喜歡這部戲嗎？為什麼？

你怎麼看自己的人生？這是部悲劇片、喜劇片還是動作片？從這個問題當中可以知道你怎麼看待從出生到現在的自己。

2 你在自己的人生故事中最佩服的人物是誰，為什麼？能不能舉例說明？

你心中所浮現的這個人就是影響你人生觀、價值觀最深的人，也是你所嚮往的樣貌。

3 在這個故事中，你的角色是什麼？你喜歡他嗎？

重新看見自己在故事當中的立場、位置，客觀的看待自己的處事風格，清楚看見自己優缺點。

4 故事中讓你最印象深刻的事情是什麼？最快樂、最悲傷、最難忘的事情又是什麼？

這是你人生中影響你最深的事，通常也會成為人生中最重要的幾個轉折點。

5 這個故事告訴大家什麼？從中可以學到什麼？

你的故事是否充滿正面意義？也許透過你的故事可以告訴大家：與其逃避一輩子，何不充滿勇氣永不放棄？改變從自己開始。

6 如果你想改寫劇本，會給編劇哪些建議？

我能否重新編寫我的人生劇本，就現有的故事線路繼續發展下去，我該怎麼寫才能讓故事發展得更好？

7 如果我的人生到此為止，對我來說有什麼意義？

你對自己目前為止的人生滿意嗎？你的存在對某些人、某些事情具有強大的影響力。

$ 檢視屬於自己的人生故事 $

1
如果我的人生是一部戲，我喜歡這部戲嗎？為什麼？

2
你在自己的人生故事中最佩服的人物是誰，為什麼？能不能舉例說明？

3
在這個故事中，你的角色是什麼？你喜歡他嗎？

4
故事中讓你最印象深刻的事情是什麼？最快樂、最悲傷、最難忘的事情又是什麼？

5
這個故事告訴大家什麼？從中可以學到什麼？

6
如果你想改寫劇本，會給編劇哪些建議？

7
如果我的人生到此為止，對我來說有什麼意義？

以上這七個問題，能讓自己更清晰的用客觀的角度看見自己。很多時候，我們都在追求快樂的過程當中變得非常的不快樂。

「這個主角怎麼這麼傻，明明可以幸福的，怎麼變這樣？」

這就是我們演出的劇本，關鍵在於我們怎麼定義「成功」。小時候老師問我們長大以後想做什麼，那時的我們會很開心的分享自己的目標，想當老師、當太空人，滿心歡喜的掏出自己的熱情。

但長大之後，我們的目標變成：「我要賺很多錢，買大房子。」一旦將全部的時間都拿去拼事業，人生劇本就跟著這個目標而產生了變化，這個故事裡的主角（自己）你不一定喜歡他（自己），這時我們就得給編劇（自己）改寫劇本的建議，讓故事主角更迷人。

重新設定自己的心態比學習技能更重要

阿鎂是一個非常孝順的女生，婚前她就欣賞男朋友處事成熟穩重、事業有成又長得帥，有房有車有存款，完全不需要擔心經濟問題；但是結婚之後的阿鎂卻很不快樂，因為她發現老公是一個工作狂，對老公來說，賺很多錢是安全感的來源。阿鎂跟老公的交談，常被臨時的一通電話打斷，又或者老公根本在想事情沒專心聽她說，話往往只說一半……

$ 人生滿意度評分表 $

項次	事情	最困擾	──→			最滿意
		1	2	3	4	5
1	現在的事業					
2	現在的家庭關係					
3	現在的財務					
4	自己的家庭（原生家庭）					
5	現在的感情					
6	給愛的能力					
7	人際關係					
8	現在的健康					
9	現在的人生					
10	現在的快樂					

老公幾乎把所有的時間跟精神都花在工作上，因為這正是他對成功的定義與想法所造成的結果。

日本經營之聖——稻盛和夫（Inamori Kazuo）說：「比起能力跟熱誠，最重要的成功要素是想法，也就是這個人所抱持的思考方式，包含人生觀、價值觀或是哲學思想等心態。」

現在你可以就以下幾點為你的人生打分數，看看你的人生是否圓滿、能否及格？

1是最不滿意，5是最滿意，滿分是五十分，三十五分以上及格，四十分以上沒有遺憾，得分越接近五十分，人生越圓滿，如果分數特別低的地方就是我們需要特別用心耕耘的區塊了。

以上這個表單提醒我們，日子不能隨便過，千萬別等到人生到盡頭才驚覺「這不是我想要的人生」！到那時，後悔也來不及，沒人能回到過去。

別放任自己漫無目的的過日子，甚至貪圖方便，就彎入捷徑。比如有朋友跟你報好康：「我手上有張前往阿拉斯加的超便宜機票，平常要賣一千三百美金，但現在只賣三十塊美元，機會難得，走吧！」就貿然搭上了去阿拉斯加的飛機，一到那才發現當地除了美麗的風景跟鮭魚之外，沒有我們需要的東西；更糟糕的是，我們還買不到回程機票，回不到起始點！

也許買張機票去阿拉斯加的案例有點誇張，但在大部分狀況下，我們的確是沒有方向的有路就走，然後就再也沒有回頭的機會了。

換個角度，你糾結的都不是問題

小莉是一位全職媽媽，在成為全職媽媽之前，她其實是一位優秀的銷售人員，存了八十多萬的存款，先生則是一位月薪大概四萬元的普通上班族。在孩子嬰兒時期，小莉的家計每個月超支一點還不痛不癢，當孩子一開始上幼稚園，小莉算了算覺得存款還算夠，為了想讓孩子贏在起跑點，選擇了學費高昂的雙語學校，也常常帶孩子課後去學才藝，這才發現，自己的存款在短短的兩年內就不見了大半，支出遠遠超過她的收入。

但是，當我協助她盤點家計支出、控制節流時，小莉卻不斷強調「她因為全職帶孩子，沒有自己的時間，無法賺錢」，她認為「孩子的教育不能輸在起跑點上」。對她來說，每一項支出都不能減免，眼看存款越來越少卻無能為力，小莉深深的感到無力，每天都愁眉苦臉。

然而在我們的人生之中，有多少的萬不得已其實只是受限於自己的觀點？事實上，小莉並沒有這麼身不由己，誰說帶孩子就一定不能同時賺錢呢？孩子的教育一定要用金錢去堆砌嗎？

其實小莉最大的敵人是「恐懼」，因為向恐懼低頭，因此失去力量。

如果你想開始一項行動，百分之九十九的情況下最好的時機就是「現在」，讓人無法行動的關鍵通常都是恐懼未知。

我深刻的記得，在離開上一份工作確定簽下公司遞給我的離職文件那瞬間，內心有多麼糾結！

當時我人在公司地下室的會議室，冷氣很冷，我不知道自己是因為心中的不安還是冷氣太冷而顫抖，腦中模擬著主管可能說的話以及下一句我該怎麼接應，坦白說，我不知道未來會發生什麼事。

當時孩子才一歲，又是疫情嚴重爆發的二〇二〇年，下個月的收入在哪我都不知道，既然沒上班就開始自己全職帶小孩，當時的我也沒有把握自己能成就自我到什麼程度，情緒焦慮、心情浮躁；但我知道這也許就是人生給我的考驗，於是我決定相信自己，我在粉絲團上公開宣告自己的「一百天創收挑戰」，並持續更新進度，同時開始了一邊育兒並投入學習的新人生。

儘管當下的我尚未釐清頭緒，但我知道自己想改寫人生的劇本，因此無論什麼都願意嘗試。

雖然我平常就有在理財，知道自己有多久時間能嘗試，但心中還是怕得要命，因為我深知當時自己若不前進就沒有機會，即便雙手一直出汗、雙腳抖個不停、心臟砰砰急跳，我還是鼓起勇氣邁開步伐，不許自己因恐懼驚嚇而停在原地——我要為自己開創新局。

不知道自己當時的每個決定究竟對還不對，但我清楚知道這些挑戰不會讓我死掉，且能讓我持續成長。只要我們知道自己內心想成為什麼樣的人，就該將價值觀落實在決策與行動上。

無論結果是成功或失敗，都能為你帶來正面的影響。人生，不是「得到」就是「學到」。

不用自己嚇自己

在做決定之前可以先想想以下兩個問題：

1 我做這件事情後會遇到的最壞狀況是什麼？發生的機率有多大？這些狀況我有辦法避免嗎？真的發生了我需要承擔哪些後果？

2 如果什麼都不做，現在這樣繼續下去會更好嗎？事情往負面發展的機率有多大？如果什麼都不做，要付出什麼代價？

換工作、培養興趣愛好、學習新技能都一樣，害怕是暫時的，但若不行動所帶來的後悔是永遠的，在否定自己之前，先花幾分鐘想想以上兩點，你會發現，這些讓我們感到害怕的，其實都是自己的想法，不是事實，行動後失敗機率可能只有百分之三十，什麼都不做才是百分之一百失敗的保證。

面對逆境時做出的決策比順境時更能反映出自己的真實性格，會懷疑自己跟恐懼害怕都是很正常的，差別在於：我們是讓恐懼跟害怕成為激勵自己前進的動力，還是讓恐懼跟害怕給自己一堆不再努力的藉口，一輩子合理的軟爛？

當有天，若我們能將逆境時發生的故事笑著說給人聽，那就代表我們已跨越了自己的難關。

問題在於我們是不是真的願意開始落實執行？

我相信每個人或多或少都曾在職場上遇到愛抱怨的同事，每天抱怨工作、抱怨同事、抱怨老闆，全公司從上到下沒一處讓他滿意，問他為什麼不離職？理由一大堆，抱怨了十幾年也還在同一份工作崗位上抱怨著差不多的內容⋯⋯我們都難免脆弱、犯錯，但是千萬不要給自己任何原地踏步的理由。

想解決任何問題之前，請優先釐清自己的狀態，也許有不少問題就能迎刃而解。

我們都有解決問題的能力，
難是難在當主角是自己時，
很難客觀。

檢視自己的人生，重新設定
心態，不要害怕，讓恐懼成
為激勵自己的動力。

1.5

重新設定自己的角色

你可以扮演好自己身上的各種角色

人越是沒有目標，就越顯得焦慮，無法做出理性判斷；要讓自己活得從容，前提就是擁有人生目標，這樣才能輕而易舉的分辨事情的輕重緩急，兵來將擋、水來土掩。

人越是了解自己，越能使自己發光，想成就自己無須大刀闊斧的改變，只要面對自己，重新整理，將自己的現況重新盤點一遍。

1 找出自身的角色

每個人的人生當中都須同時扮演許多不同角色，老婆、媽媽、員工、女兒、媳婦、學生、自我。而這些角色在我們生命中的配比也會因各個階段及對自己的期待不同而產生變化，同時對各個角色的時間分配也有所差異。

同樣是媽媽，創業者媽媽、主管媽媽、員工媽媽、全職媽媽在這幾個角色的配比上就會有很大的不同，一個人的個性、觀念、心態也會影響到角色配比。外向媽媽、內向媽媽、傳統的媽媽、非典型媽媽也都不一樣。一歲孩子的媽媽、七歲孩子的媽媽和十八歲孩子的媽媽也會有相當大的差異。這些角色配比也顯示出你目前的人生重心所在，如果有心想把角色扮演好，就必須了解每個角色對現階段自己的重要性。

我們不用急於否定自己某些角色做不好，為無法取得平衡的生活而焦慮，每個人的平衡點不同，我們在單一角色內分配的精神與時間決定了我們是誰。

2 你花最多時間扮演哪個角色

工作？閱讀？上課？追劇？顧小孩？煮飯？逛網拍？陪小孩玩玩具？寫文章？一個花大量時間煮飯並按照營養規劃搭配餐點的媽媽明顯著重於孩子的營養

$ 檢視自己的人生角色和比例 $

列出你有幾個角色：

1. ______　2. ______　3. ______

4. ______　5. ______　6. ______

7. ______　8. ______　9. ______

自我覺察：

花越多時間的身分，圈圈越大，會因個人重視比重不同。

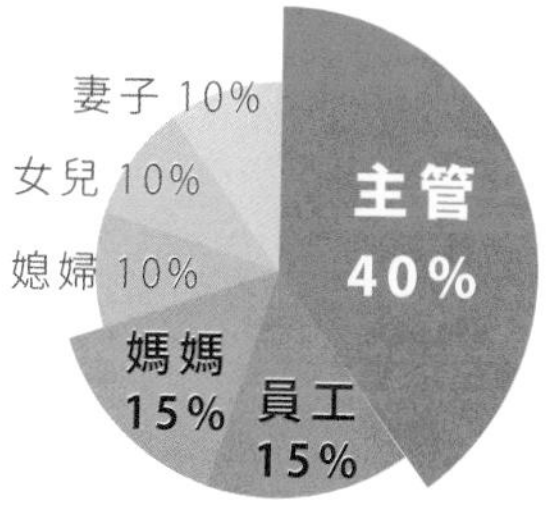

主管媽媽＝

主管 40% ＋員工 15% ＋媽媽 15% ＋媳婦 10% ＋女兒 10% ＋妻子 10%

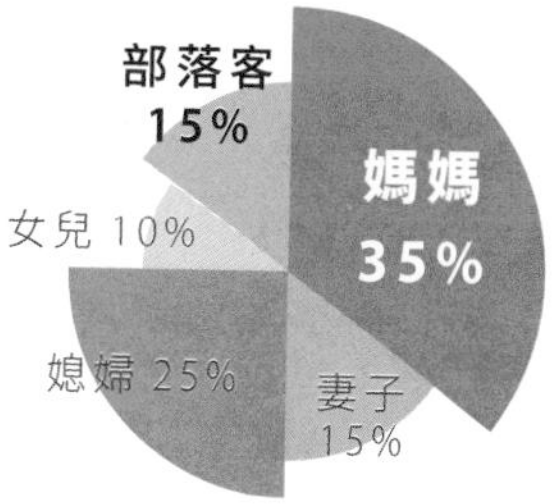

全職媽媽＋部落客＝

媽媽 35% ＋妻子 15% ＋媳婦 25% ＋女兒 10% ＋部落客 15%

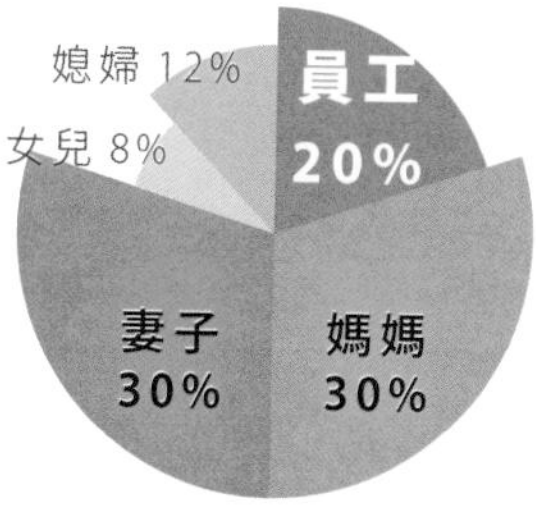

一般員工媽媽＝

員工 20% ＋媽媽 30% ＋妻子 30% ＋女兒 8% ＋媳婦 12%

攝取，創業型媽媽可能會希望聘請保母來照顧小孩，自己則是投入較多的時間在工作上，等孩子更大一點之後則分配較多的時間到自己喜愛的興趣上。

3 平均每個月花多少時間在這角色上面

我們常常過一天算一天，忽略了自己花了多少時間在扮演這些角色。

小璋的母親，從小璋出生後就完全以孩子為生活重心，事事繞著孩子打轉，即便小璋已經快四十歲了，母親仍希望小璋無時無刻都陪伴身旁，一點瑣事都要把小璋叫回家幫忙，只要小璋沒有接聽她的電話就暴跳如雷，使出奪命連環 call，成為小璋的羈絆。因此小璋花了非常多時間在扮演母親的乖兒子，深怕沒接到媽媽的電話母親又陷入躁鬱，小璋不敢出差，不敢找太遠的工作，更是不敢談戀愛，事業發展受限外，也蹉跎了婚事。

4 你在哪個角色身上投注越多時間，角色的圈圈就越大

從過去到現在，我們都在不同的角色中不斷切換，有些角色我們扮演得輕鬆愉快，有些角色則需要我們刻意去學習、甚至是勉強自己；然而我們必須適時清醒的跳脫現狀，回頭跟過去的自己打聲招呼，問問自己：這一路走來有什麼感

受？所做的這些事情，都是自己歡喜的嗎？還是僅只是迫於無奈而勉強自己做？

請檢視你現在所做的事情是否符合以下兩點：

A 我自己的期待

B 別人對我的期待

你會發現，當你在兩個範疇中同步投入了時間跟精力之後，兩個圈圈的大小不會一樣，你可以從這張圖中一目了然的清楚知道你所投注的跟你所重視的生活價值是否成正比，如果沒有，就必須得開始為這些你習以為常的行為作出調整，來為你的生活創造出不同的結果。

沒有任何人事物值得你放棄自己的人生，即便是你的親生父母也一樣，每一個以愛為名的枷鎖都會使人傷痕累累。

唯有我們自己懂得欣賞現在的自己，才能朝著充滿活力的方向前進，相信自己值得擁有一個美好的人生，親自為將來的自己改寫全新的歷史。

有什麼理由不讓自己快樂？你難道不值得擁有幸福？一旦有這種想法，請將你的疑慮通通都列出來吧！

現在就開始練習「配得感」，相信你值得，你絕對有資格擁有幸福。

.第1章.作業練習.

- ✓ 現在就開始表揚自己，再小的成就都值得鼓勵。
- ✓ 當你完成一個小目標或是小挑戰的時候，記得給自己一個表揚，一支冰淇淋（或小禮物），大方跟朋友分享喜悅吧！
- ✓ 金句：我感激自己每一天的努力，因為它造就了現在的我，每天都在進步的感覺真好。

Discover

“

人生探索

”

Chapter Two

2.1

生存在這個世界本來就不容易

堅持就能前進

我曾採訪過台灣雷伊漢勒世界公民中心（The Taiwan-Reyhanli Center for World Citizens）的創辦人裘振宇博士，這個單位在敘利亞和土耳其邊境，以協助難民們安身立命、自力更生為宗旨。這座由台灣人設立的人道機構救助了無數難民和他們的孩子，並且正式將公益與產業、教育結合，帶給無數婦女重新開始的機會。

這是發生在世界另一端的真實事件，當戰爭來臨時，原本安穩的家園瞬間被炮火攻擊，男性都被徵召去打仗，女人們帶著孩子躲到再也無法可躲，只得把家裡所有值錢的東西拿去跟人口販子換成食物。抱著三、五歲的孩子行走在戰火中，轟隆的聲響、孩子的哭聲，雨天沒有帳篷避雨，生病也沒有藥物治癒，只能有一餐沒一餐的步行逃難……她們當中有些曾經是醫生、有些是老師、有些是家庭主婦，無論職業為何，都只能堅毅的求生。

專訪的當下，我一度內心十分激動，此後每當我遇到困難時，就會想起這些故事；爾後我也時常提醒自己：「生存在這個世界本來就不容易，我們已經十分幸運，絕不該輕易放棄。」正當我們在實踐自我的過程中，就已經往成功的路上邁進了。

永不放棄

生存並不容易，從小我們面對許多的未知，總有人表現得比我們出色。我的孩子每次

裘博士訪談：上下集

https://tinyurl.com/mudbremw

https://tinyurl.com/25ecuf2s

做出新嘗試失敗後，心態轉為消極，拒絕再試、未戰先降，我總會第一時間鼓勵孩子：

「你超棒的，現在我們已經知道這個方法行不通了，就再嘗試別的方式吧！我們看過那個發明燈泡的叔叔（愛迪生 Thomas Alva Edison）的故事，他可是嘗試了好幾千次才發現成功的辦法耶！」

「媽媽煮飯也煮了很多次才變好吃的呀！」

「舅舅上次做小蘇打的實驗，也換了超多種方法才成功的，不是嗎？」

小孩未戰先投降，大人都會適度引導；但為什麼大人自己未戰先降，卻合理化自己的行為跟想法直接放棄？生活本就是一連串的挑戰。在我看來，我們每個人都遠比自己知道得還要勇敢多了，如果哪天我們遇到了像敘利亞婦女那樣的處境，相信我們一定也能抱著孩子穿越戰火。如果連試都不試就直接放棄，那不就是真的玩完了嗎？

生活本充滿著不如意，小孩把食物擦在沙發上、家裡搞得一團亂；時不時加班、客戶提案不通過、合作夥伴拆夥；跟婆婆觀念不合、與另一半冷戰、朋友已讀不回就認定對方一定是對自己不滿；看到陌生人冷冷的表情、眼神、語氣，就懷疑對方是不是不喜歡自己……這樣的情緒消耗沒必要一再重複出現在生活中。

「你不需要讓全世界的人都了解你。」

這句話是我的一位作家朋友凱若媽咪告訴我的。

還記得當時我人在捷運上，正準備前往朋友安排的商務聚會，途中臨時接到一通公司打來的電話，因為發生重大狀況必需緊急召開主管會議！於是我跟朋友致歉表示必須臨時缺席他安排的商務聚會，因為有更緊急的事情需要處理。

我知道對方一定會不高興，所以再三道歉，怎知對方竟撂下一句話：

「你就是不夠積極，如果你真的很想成功，再怎樣都不該缺席這個聚會。」

當下的我，真是有苦說不出……

那時正好跟我通話中的凱若回問我：

「你為什麼需要全世界的人都懂你？只要支持你、信任你的人懂你，這不就夠了嗎？」

這個當頭棒喝馬上讓我如釋重負。

發生狀況，真正支持你的朋友會先問：「你還好嗎？需不需要幫忙？」而不是語帶威脅的謾罵批評。

從那次之後，我嘗試了人際關係的斷捨離，把時間、精神跟情感花費在相對價值高的事情上，把精神集中在那些重要的人事物身上。

我告訴自己，以後絕對不會對任何人說：

「如果你夠想要，就能克服萬難。」或是

「時間擠一擠就會有，沒時間只是因為你不夠想要。」

「學費擠一擠就出來了，你不願意買課程是因為你不夠上進。」

說出這種話的人其實是「缺乏同理心」的，因為你永遠不知道對方真正的處境，非但沒給對方協助，還落井下石的以自己的立場給對方貼上「不夠努力」的標籤。

我相信確實有些人態度不積極，但人生是自己的，每個人的抗壓力也不同，如果真的不想生活在巨大的壓力下，那也是個人評估過後的決定。

你是否曾想過自己有能力創造改變？

二〇二〇年因為新冠肺炎疫情，餐飲業一片慘淡，非常多餐廳在這時選擇少輸為贏，或是硬撐到資本不足後應聲倒下，大家聽到從事餐飲業的幾乎都是投以憐憫的眼神。

此時我接到一位從事連鎖餐飲業朋友的電話，他共有十三間店面，我原是他店面的投資人，他跟我說：「我現在十三間店有十間都在賠錢，再不收就來不及了，我能否先將你的股份全以你原先投資的價格購回？我想先把所有的利潤都留在店裡，我會想辦法救公司。」

當時站在避險跟支持朋友的立場上，我同意了。

他當機立斷的把所店面一次關光光，用他僅剩的資金投入了冷凍食品生產，搶了一波大家害怕出門購物的時機點，雖然當時他們家的產品還不夠成熟，沒有什麼漂亮的包裝跟行銷，商品就先賣了再說，靠團媽大賺了一筆，還真的讓他救了公司。有了資金之後，他開始自創品牌，從線下店面成功在一年內轉變為冷凍食品的品牌。

你有玩過大老二嗎？每個人在發牌的時候都會希望手上的每一張牌都是好牌，順利的贏得牌局；但是事實上，大多數人拿到的都是普通的牌而已，少部分人一出生就具有優勢，拿到超好的牌，也有少部分人出生就有疾病纏身或是家境辛苦的一手爛牌；但是拿了壞牌的人依然有贏的機會，一手好牌的人依然有輸的機率，越爛的牌要是打得好，就能贏得更多掌聲。這也就是很多人喜歡看勵志故事的原因了。

拿了一手好牌，還是可能輸，拿了一手爛牌，還是有機會贏；就像我那位開麵店的朋友一樣，翻轉自己的處境。

如果還沒開始打就自認不可能贏、自暴自棄，一旦不用心打牌，那就真的不會贏了。

只要你肯改變，就會找到答案

許多人問我：「要怎樣同時自己照顧孩子，又同時擁有收入？這根本是不可能發生的事情！」但是，我身邊好多位媽咪做到了。

我們現在正在做的「斜槓媽咪收入計畫」就是希望能幫助媽咪們獲得足以生活的收入，把自己從前所累積的專業、能力、長處、人脈拿出來跟別人交換，想想自己從前所累積的有哪些能幫助到他人？一旦能幫助到市場上需要這些專業的人，就有收費的價值。

而與人合作，槓桿別人的能力就是最快速的方式。

我們的「家庭理財規劃師培訓計畫」就是這樣開始的。我跟兩位合夥夥伴，三人都是全職帶著幼兒工作的媽咪，我負責前端去開拓市場，連結合作機會，資深財務夥伴負責培訓計畫，另一個細心的夥伴負責服務流程優化，讓客戶使用服務的好感度提升。

對於我們的培訓學員來說，我們提供知識、通路和教練式陪伴服務，而學員則是成為我們服務客戶的分身，互相槓桿對方的專業或資源，甚至是時間，打群架不單飛——對時間有限的媽媽來說，真的是最省力的。用專業分工加上時間切割的工作方式，同時育兒又創造不亞於上班族的收入。

「生存在這個世界本來就不容易，我們已經十分幸運，絕不該輕易放棄。」正當我們在實踐自我的過程中，就已經往成功的路上邁進了。

生活本就是一連串的挑戰，我們要相信自己有能力創造改變。

2.2

你應該停止尋找結論

百家爭鳴，莫衷一是

近兩年坊間常常邀我參與講座或是演講，使我能有機會大量接觸到新的聽眾夥伴，課後ＱＡ時間我經常被問到：

「老師，我上次聽另一個老師的講座，他的說法跟你不一樣，我不知道哪個才對。」「陳老師說，再怎麼辛苦都應該買房置產，不然老了以後沒地方住；吳老師說，年輕人買不如租，把所有的錢都拿去付貸款太辛苦了，我到底該不該買房？」

我相信每個老師的看法跟觀點都是其來有自，如果我們只看結論，當然會發現各家觀點衝突相當多，這時我都會請大家轉個念思考——「為什麼他會這樣說？」

一問之下發現，陳老師是房仲背景，年輕時就非常努力，業績很好，累積了第一桶金之後，他用銀行貸款操作槓桿有了今天的成就，他投資的資產類型大多都在房地產，現金流也是靠收租而來的。對他來說，房產是一個看得到資產的有形投資，比較安心。

至於吳老師則是主動收入非常高，自己的資產配置大部分都在股票和債券，光是領息就可以過生活，因此買房對吳老師來說，相對是資產活躍度較低的選項，而且他每年到世界各地旅行的時間很長，對他來說，資金的流動是很重要的事。

從上述分析可知，雖然兩位老師的理財所得到的結論不同，但這也只是因應每個人策略、需求不同所導致資產配置上的差異而已，請自問你又是哪種狀態？你該相信什麼？

找出自己的路

人終其一生的成長過程中，會有許多經歷影響到自己的觀點、立場或是信念，在不同時期的自己對於同一件事下的定論肯定也會有所不同，若是我們在吸

收別人的觀點時多問一句「為什麼他會這樣說」，便能幫自己開啟不同的思考面向。

只參考結論是一件很危險的事情，我們應該要去推演一下對方思考的過程，而不是盲目的相信結果，否則常常會做錯決策，使自己陷入困境。

就像剛剛舉例的兩位老師一樣，他們的觀點不同，卻一樣創造了自己的投資組合，過上適合自己的人生，並沒有誰對誰錯。這世界上大多數的爭論都是因為覺得別人的觀點錯誤，但其實只要能進一步了解，你會發現大多數的觀點都是一種思考脈絡跟想法，而要能夠有自己的想法，需要有足夠知識，讓你至少能「聯想到別的層面」、「做出比較」跟「找出自己的結論」，否則就很容易立場搖擺不定，觀點雜亂而隨波逐流。

我們的上一輩多數成長在威權體制之下，當時的社會不在乎他們怎麼想，個人也不具備任何影響力，在這樣的情況下選擇隨波逐流，長此以往就比較缺乏獨立思考的習慣，不習慣蒐集資訊分析，對於「片面事實」也就是假消息，也很容易照單全收，甚至分享、轉貼，容易被媒體操弄，成為假消息的散播者。

眼見為憑的視野太小了，這世界上多的是看不見的東西，陽光、空氣、病毒、人心，宮鬥劇教了我們很多看似善良無害的娘娘最後居然是邪惡組織的頭目，耍嘴皮子、嘴巴毒辣的女人，真要她幹壞事時居然下不了手！如果不多點角度思考，真的無法看清事實。

讀書也是一樣，書本上寫的知識大部分都參雜了作者的人生經驗、觀點甚至不同立場，這部分古人就很有智慧，《中庸》其實就教過我們，學道要「博學、審問、慎思、明辨、篤行」。

1 博學：

就是廣泛的學習，會「人云亦云」很多時候是因為自己懂得不夠多，所以心中沒有定見，覺得大家講得好像都很有道理，因此沒了自己的想法，這時就可以多閱讀一些相關的新聞、書籍等，增加知識才有辦法自行判斷。

2 審問：

詳細的詢問，聽聽不同人的觀點，向專家請教、跟朋友討論，多面向蒐集別人不同的看法，不同角度的

每個人都會有不同見解。同樣的半杯水，有人覺得「太好了，還有半杯水」，有人覺得「好慘喔，只剩下半杯水」，所得到的結論就會不同。

3 慎思：

對蒐集來的客觀資訊做一次周密的分析和判斷，吸收之後釐清當中的疑點。

4 明辨：

自己辨別思考，分辨哪些是有價值的知識和哪些是偏頗的思想，加入自己的觀點做出判斷。

5 篤行：

學會了之後就得實際去執行，如果學了一堆知識都沒有應用在自己身上，那就跟沒學一樣了。

千萬不要擅自擷取書中的局部篇章、甚至一小段文字就奉為圭臬，如果不經過思考，我們很有可能學到根本不適合自己的方法還深信不疑。

多一點柯南的精神，對資訊抱持著實事求是的態度，再結合自己的需求跟觀點，選擇符合自己需求的知識納為己用，並願意嘗試實踐，這時學到的知識才是自己的。

每當我無法理解對方的決策時，通常不會急著否認對方，反而會想知道對方是怎麼想的，參考對方的思考脈絡，搞不好自己的任督二脈也能就此被打通呢！

・小 測 驗・

1. 你是否很依賴自己的經驗下決定？
2. 你是否下定論時，通常沒有數據或是科學支持？
3. 你是否常在與人溝通的時候因情緒而爭執？
4. 你是否會轉述一些你沒有親眼見過的事情？
5. 只要是專家學者說的話你都相信？
6. 只要別人說的事情跟你的認知不同，你就急著否定對方？

2.3 遵循內在指引

今天的你都是過去的你做出的選擇所造就而成，而過去的你在選擇的當下如果未能真正遵從自己的內心，即便當初是自己的選擇，所產生的結果也無法讓自己感到滿意。

只要我們能靜下心來，尊重自己內在的感受，認真看待你的靈光乍現，有時這種忽然出現的靈感想法，可能比理智分析出的結果還適合自己，在練習以下表單時請避免過度分析，盡可能以直覺回答，你必須擴大自己的想像，真實的和自己的內心對話，這些感受或能為你開創出一條真正有幸福感的道路。

我們每個人都期待擁有一份滿意的工作，開心的賺取收入，生活周遭充滿在乎彼此的人，自在做自己喜歡的事……當你對自己有充分的理解時，就能慢慢創造出這樣的實像。

倒杯水、放點自己喜愛的音樂，點上你喜歡的精油，甚至來杯咖啡都好；營造能讓自己的放鬆的情境，接著閉上眼睛靜坐五分鐘，想像自己正哼著歌，開心的在一條光明大道上前進。

切記！要用心感受，別用腦想。

因為我們的大腦接收了太多外在的資訊干擾，很容易落入他人的眼光跟價值觀中。

從這五分鐘靜下心來，讓你重新看見微笑的自己，在回答以下問題時，你的答案會與心比較接近。

從認識自己出發

如果你希望建構一個人生的理想事業，那麼工作內容至少要符合自己的價值觀，一切要從「我」出發，我鼓勵大家先多認識自己。

以下兩張表單能幫助你簡單的了解自己的能力與嚮往：

1 自我實現表

2 能力盤點表

$ 自我實現表 $

最感覺到心靈豐盛的時候

1. 你最有成就感的時刻

2. 當時為什麼會有成就感

我最想成為誰，他最吸引我的特質是什麼？

1. 你的偶像是誰

2. 你為何喜歡他

我的理想跟願景

1. 我有什麼願望想完成

2. 我希望身邊的人怎麼形容我

$ 珊迪兔自我實現表 $

最感覺到心靈豐盛的時候

1. 你最有成就感的時刻

聽眾因為收聽我的節目而活出人生轉變，重新擬定人生新計畫，對自己自我價值日益提升。

2. 當時為什麼會有成就感

我覺得我是個有用的人，我是有能力貢獻的，並且為自己感到驕傲，人生更有意義了。

我最想成為誰，他最吸引我的特質是什麼？

1. 你的偶像是誰

隋棠、蜜雪兒 · 歐巴馬。

2. 你為何喜歡他

擁有正面的力量，一句話就能鼓舞人，雖然很有成就但仍舊努力、溫暖、不自負。

我的理想跟願景

1. 我有什麼願望想完成

我想影響十萬個家庭，讓大家一起「財務安全，心靈自由」。

2. 我希望身邊的人怎麼形容我

快樂、充滿笑容、善良活潑，真心待人。

$ 能力盤點表 $

我的熱情

1. 我做起來會進入心流，怎麼做都不會累的事情

2. 我會不斷學習精進的事情

我的專長

1. 我賴以維生多年的技術

2. 經驗雖然少但是學得很快的事情

我的個性

1. 我平常休閒時間喜歡做什麼

2. 我做事情會不會考慮很多

3. 我喜歡與人交朋友嗎？

我缺乏什麼？

1. 我需要但是我很不擅長的事情

2. 我知道重要但是很懶得學習的事情

$ 珊迪兔能力盤點表 $

我的熱情

1. 我做起來會進入心流，怎麼做都不會累的事情

幫大家銜接資源，連結各種可能性，無限延伸可能的合作機會和專案。

2. 我會不斷學習精進的事情

投資理財、內容行銷、正面溝通、心靈成長。

我的專長

1. 我賴以維生多年的技術

行銷、資源整合、企劃。

2. 經驗雖然少但是學得很快的事情

我學東西很慢，新資訊跟技術都需要時間累積。

我的個性

1. 我平常休閒時間喜歡做什麼

唱歌、旅遊、遛小孩。

2. 我做事情會不會考慮很多

只要不會造成嚴重後果的事，我的執行力十分明快。

3. 我喜歡與人交朋友嗎？

喜歡，雖然我表現得很外向，但實際上要見面超過三次以上我才能真的輕鬆的面對對方。

我缺乏什麼？

1. 我需要但是我很不擅長的事情

業務技巧、美術設計，服務流程設計，與陌生人溝通。

2. 我知道重要但是很懶得學習的事情

美術設計、架設官方網站。

了解自己後，現在就開始透過不同的選擇來創造自己的新生活！

相信自己——「我生活的一切都是因為我所做的選擇而發生的。」

如果你想要，就能創造出來。就算速度很慢，還是能緩步前進，每天只需進步百分之一，一年就能成長三十七倍。我們需要改變的只有提升對自己的信心而已，只要你決定改變，就能找到答案，而這個答案絕對不是靠「等」就能辦得到的。

如果你希望建構人生的理想事業，我鼓勵大家先多認識自己。

我們需要改變的只有提升對自己的信心而已，只要你決定改變，就能找到答案。

2.4

美好意圖

珊迪兔的自白

我的父親是一個企業家，他曾花了多年時間積極到日本企業參訪，學習了一套很有效率的垂直整合管理執行落實妙法。所謂的垂直整合，簡單來說就是提供「一條龍」式的服務。其實這種整合方式在經營的困難度上是非常高的，因為垂直整合起來的產業，基本上就是什麼都要自己做，而且需要跨產業多方涉獵。

舉例來說：身為汽車製造業，為了降低成本，讓服務更完整，而開始跨足上下游和周邊的服務，從零件生產到汽車維修場，甚至創立產物保險公司讓客戶投保……這樣的好處是：零件自產自銷、周邊服務自給自足，能全盤掌握從生產到銷售、甚至服務端的所有事情，一旦企業巨大到一定程度，對消費市場的掌握度的確較為可控。

但壞處是，當跨足不同產業的情況下，每個產業都必須得夠深入才有辦法每個項目都做得好，更須兼顧生產線的營運跟業務端的營運；除了硬體設備外，人員管理的問題最大，生產線工人的特性與銷售業務人員之特性截然不同，甚至連薪資結構都不能用同一套架構管理。

但在當時，我的父親十分期待我們的企業可以成為一個集團，很有遠見的快速併購了幾個上下游產業的公司，導致管理上出現了很大的壓力，當時父親告訴我：「你是這些員工們辛苦工作養大的，現在你畢業了也長大了，換你負責他們的生活了。」頓時之間，我的生活迅速被工作跟學習填滿，還得優化工作品質，更有開不完的會，彼時的我只有二十四歲。

垂直整合這件事看來是很酷沒錯，但是以當時的狀況來看，公司的資源還不足以支撐這麼龐大的事業營運……有一段時間，因為公司垂直整合的成效不彰，我們裁撤掉幾個部門，開始嘗試水平整合（水平整合指的是收購和發展同產業的公司，在同一個產業中擴張），這樣的好處是利於管理，只需要擴充原本的模式，不需要打掉重來，壞處是一旦產業沒落，創傷會更為顯著。

外在價值與內在價值的探索

在這樣的背景之下，當時的我自認必須將這些重擔一肩扛起，在家人心中才有價值。

於是我拼命工作、拼命學習，連跟當時的男朋友（現在的老公）約會的時間都極少，有時甚至連約會行程還是到公司幫忙……在短短幾年內，我成長了很多，但每天都非常不快樂，因為我完全誤解了人生的價值，把所有的時間都投入工作，為的是想「被肯定」；這條路是一個無底洞，因為別人對我們的期待總是不斷更新，當對方又是個不習慣肯定他人的人時，我懷疑自己的人生究竟還要追求什麼？

因此，我明白了「盲目的追求他人的肯定也不會得到幸福」。人生的價值應該回歸到我們自己身上，而不是外顯的知識、技能、金錢，更重要的是個人的性格、價值觀、信念、判斷事情的準則、溝通能力、受挫能力。

孟子曰：「窮則獨善其身，達則兼濟天下。」我很喜歡這句話。用白話文解釋，意思就是「當自己能力尚不足時就專心管好自己，當具有足夠的能力時，則願顧及天下人都能夠得到好處。」

如果我能放大對於成功的定義，就能用現在的生活感動、心靈素質去看待事物，而非著重於外在物質。我更希望有天能讓自己具備「達則兼濟天下」的能力，

希望也能透過我，讓別人得到好處，即使我不足以成為太陽照射大地，願我也能成為一道微光，讓剛好看見這道光的人能被照亮，對我來說，這樣的人生就很有意義。

這話並不是要大家都去做公益。以我從事家庭理財為例，當個人的能力有限，能妥善將自己的財務狀況控管好，不要入不敷出，同時培養財經知識開始理財，直到個人的能力增強後，我有能力協助照顧好我的家人，讓大家都過上比較舒適的生活，此時的你就是那道微光，照亮被你照顧的人。

.第2章.作業練習.

✓ 列出身邊最熟悉的三個人，立刻給他一個大擁抱。

✓ 選擇幾位曾經幫助過你的人，了解他們需要什麼幫助。

✓ 金句：你的存在讓人感覺心安和幸福，就是人生最大價值。

Self-awareness

“

自我覺察

”

Chapter Three

3.1 認識自我價值的重要性

喚醒自我價值，別當自己最熟悉的陌生人

你可曾懷疑：「不知道自己存在這世界上有什麼用？」這個念頭在我最低潮的時候曾經萌生。

「你做得好的事情無須再講，稱讚會使人自滿、停止進步，要挑做不好的講，你才會進步。」——這是我父親的信念。

因此我們的相處模式幾乎都以他為導師，我則是「永遠不夠好」的學徒。雖然我的理性腦明白父親是想讓我更上層樓，但感性腦聽進這些話，心裡總不是滋味；因此為了平衡這種「我不夠好」的失落感，我自然會在其他能獲得成就感的事務上付出更多努力。

若你身邊也有這麼一個一直否定你的人，希望這個角色在你生命中並非必要的存在。若交集有限，那只須報以禮貌的微笑，即可遠離此人，免得他使你不斷產生自我懷疑。但如果這個人是必然存在的家人或曾幫助你的恩人，那麼我會建議，跟對方相處時，盡量選擇輕鬆的話題互動就好。

這幾年我的父親開始學習如何讚美他人，新的語言習慣，讓他的口中說出來的話聽起來總是有點彆扭……但我能感受到他想改變的心，也樂於接受他的新嘗試。

雖然很多人都說：「價值感必須來自內在，而非依靠他人給予。」但我相信，這一點只限於你不在乎的人，只要是你在乎的人說出來的話，肯定對你還是有影響力的，那種在乎是因為「愛」。

自我價值匱乏是件非常可怕的事，可能導致人情緒不穩，甚至使人憂鬱，若發生在一個失業、工作不順利、經濟狀況不好、家庭關係不好，也沒朋友的人身上，一旦鑽牛角尖、找不到「活著的理由」時，就會陷入極度的脆弱，此時只要一個微小的刺激都有可能造成悲劇……

好在一般人普遍遇到的挫折都是一項一項來，像是工作不順利但家庭關係和諧，這樣家人還能接住脆弱的我們；若是家庭關係不順利，也會向外尋求慰藉，不論是拼命工作，甚至是找小三，這些行為其實都跟自我價值有關，透過這些舉

動，都是想證明自我存在的意義。

常常我們所聽聞的悲劇故事，主人翁遭遇的問題不見得都無法解決，像是做生意失敗、破產、被劈腿、考試考不好這些問題等，其實都沒有嚴重到值得用寶貴的性命交換；但話雖如此，總還是有人選擇走上絕路，逃避面對現實……

我認為，很多悲劇的發生都源自於自我價值低落，通常是個人的狀態不好，而不是事情本身真有嚴重到必須得放棄自己全部的人生。

每個人都需要肯定自我的價值，我們大可以從各方面不斷做出貢獻、做利益他人的事來創造自己被需要的機會，一旦能「被別人需要」，就是最能累積自我價值感的時刻。

透過不斷與人連結、主動提供幫助，創造出自己被需要的互動，就能累積自我肯定與自我價值。

我很想告訴女孩們，當我們活得自尊低落，所綻放出來的光芒就越微弱，甚至會帶給身邊的人罪惡感，彷彿你的悲慘與不幸都要別人負責；若你不曾鼓起勇氣說出自己的需求與感受，誰能知道你需要什麼呢？真的愛你的人就算看到了你的不堪還是會愛你，當你越來越輕鬆自在，反而越能活出光彩，讓靠近你的人感到舒服愉快，那就是你綻放出來的魅力。

尤其是面對越在意的人際關係時，不要太過用力，請停止努力成為眾人眼中

▲ 媽媽商學苑創辦人，左起珊迪兔、Tina、Laura。

期待的那個自己。

維持自己的從容自在，如此一來，你在意的人更會被你散發出的自信光芒吸引，而願意靠近你。不要受限於傳統的社會價值觀影響，漠視自己的感受，羞於面對自己的狀態、無視自我的重要性。

我知道，將注意力聚焦在自己身上很難，尤其是華人社會中的傳統價值觀讓我們很難不去討好別人，最簡單而直接的方式就是——改變自己的信念。所謂宇宙力量、信念、頻率這些東西，聽起來很玄，在我的認知裡，這些難懂的名詞其實就是「反思那些綑綁自己的觀念」——你相信什麼就會注意到什麼。當你意識到且做出改變之後，就會更加深信不疑。

相較於西方社會，華人從小成長的環境是指責、批評多過於讚美的。所以，我們可以開始有意識的去培養自己的好習慣，養成正向的口頭禪，一次又一次的去肯定自己也肯定身邊的家人、朋友，只要養成這一個好習慣，我們就越容易發覺身邊的美好，漸漸的你會發現，那些曾經的委屈跟不幸其實也不算什麼，自然就會更幸福。

自我價值從來不需要尋找，因為它一直都在我們的身體裡，我們只需要喚醒它，而喚醒它的唯一方法就是不奢望別人來愛你，不向外無度索取，好好跟自己相處、愛上自己。

肯定自己所做的事對社會有貢獻，世上舉凡所有工作幾乎都是對社會有所貢獻而存在。

有次我在讀繪本給兒子聽時，書中有兩台垃圾清運車，因為工作全身髒兮兮，需要洗澡，那是多多島上公認最髒最臭的兩台車，但是大家都還是幫他們洗澡洗得很開心。

我問兒子：

「來幫我們載運垃圾的垃圾車也很臭，對吧？」

「嗯，臭臭的。」

「那如果大家都因為太臭了所以不想他們幫我們收垃圾，你覺得會變怎樣？」

「那我們家就會被垃圾淹沒毀滅了。」

「所以我們應該要好好謝謝收垃圾的叔叔跟阿姨，他們拯救了我們的家。」

雖然說毀滅是誇張了點，但這真是一件極有貢獻的事情。我還有一個高中同學的先生從事殯葬禮儀工作，我同學也一天到晚跟大體相處，但是我從來不會因為她剛結束工作就拒絕跟她見面，因為我知道這是世界上最有福報的工作之一。

即便我們只是生產小螺絲釘的工人，若是沒有那顆小螺絲釘，這世界上許多東西都將消失。

仔細想想自己對社會有哪些貢獻，你知道自己很棒，對吧？

我非常鼓勵大家帶著孩子從小做公益，付出的最大好處就是肯定自己的價值，這是做公益最棒的副作用，自我價值感高的人無論是人際關係、財富、事業、家庭關係方方面面都會比較健康。

自我價值感高的人受挫力強，很容易從挫折中恢復。

自我價值感高的人幸福的感受度強，很容易感覺到愉悅。

懂得對別人做出貢獻並學會感恩，是一件利人利己、CP質超高的事情。

我身邊不乏有媽媽們將小孩當作成就感的來源，彷彿父母的價值是建立在孩

子表現的優劣之上，不斷憂心孩子的成績，更擴及孩子的課外才藝表現，甚至連小孩長得高矮胖瘦都成了爸媽的壓力，不論是太瘦或是太胖，都會被質疑怎沒把孩子養好？

反之，若是孩子成績考試第一名，又是運動健將，多數人會歸功於父母親善於管教，若因此貪圖別人對我們的讚美，造成我們總是將焦點放在孩子的表現成果上，不但父母親焦慮，孩子也會覺得很有壓迫感。

我在兒子四歲時送他去學游泳，這個授課機構採學習分級制度，媽咪們都希望孩子努力晉級，相當重視考試，但我認為學習應該要讓孩子覺得好玩、有趣，才能引發他內在動力。

我常常跟兒子說：「媽媽帶你來學游泳，是希望你以後玩水可以更開心又安全，下次我們去溪邊或海邊玩時媽媽才放心，如果考試考過了老師就會教你新招式，那你就能學會水中旋轉大絕招了。所以我們這個假日也去運動中心多練習幾次，你覺得怎麼樣？」

當孩子表現得好，媽媽理所當然很有成就感，我也常為我的孩子感到驕傲，但是孩子的表現與成績並非你成就感的唯一來源，讓孩子開心成長，媽媽仍能以此為榮。

總是焦慮、施壓的父母，很難養出怡然自得、喜歡自己的孩子。

停止無謂的罪惡感

人生不會在你犯了一個過錯之後就陷入萬劫不復，相反的，許多功成名就的人都在多次犯錯後快速從錯誤中學習，才開啟了成功契機，不會因為一次犯錯就毀滅人生；因此，我們大可不必因別人的不認同就否定自我價值。

我曾經被這個題目震撼，因為當下的我無法立刻做出肯定的答覆。

總覺得自己還有很多需要改進的地方，這可能源自於我們自幼接受的教育教我們不應自滿；但是，如果連我們自己都不喜歡自己，那還要期待誰來喜歡我們？若我們一輩子都不喜歡自己，那豈不是一輩子都無法感受到幸福？再完美的人都有缺點，更何況缺點跟優點常常是一體兩面？

比方說婚前開心老公對我大方，但婚後卻嫌他花錢大手大腳，都存不到錢；以前覺得時常被關心、有人在乎真好，婚後卻感到怎麼連這些雞毛蒜皮的細節都要管？超煩的……還好即便我們不完美，還是有人能對我們說出「我喜歡你」，不是嗎？

對自己也是一樣，你不需要「完美」才值得被愛，若你身邊有個從不犯錯的另一半，想必你相處起來也壓力超大吧？世界上根本沒有這種人。

所以，從現在開始，請下定決心愛自己。放大自己的優點，接納自己的缺點，綜合這些特質成就你的獨特，人生的主導權掌握在自己手上，你的心情只有你能決定，透過自己對事情的解讀，導引自己的人生方向。

千萬別將個人情緒寄託在別人身上，讓對方左右你的喜怒哀樂，唯有自己不斷創造正向循環，才能邁向人生的康莊大道。

多方建立自己的價值

不少女性成為母親之後，因為育兒而放棄了原本的事業回歸家庭，亦或是須以家庭為重而被迫放棄升遷機會，經濟層面的壓力總是讓女孩特別有感。一個家庭少不了媽媽的角色，但女性可能因產假或在家育兒，停止工作、留職停薪而收入短少或中斷，頓時失去「薪資」依靠，成為弱勢的經濟依賴者，難道我們只能無奈的接受這個狀況嗎？

事實上，只要能妥善從家庭帳務的管控中取得成績，你就能贏得經濟層面的成就感。

我有一個學員，因為生了孩子之後決定留職停薪四年，直到孩子上學，家庭的收入只剩下先生的一份工作薪資，加上自己半年的育嬰留停薪資，於是她決定好好的整頓家裡財務狀況，分配好收入支出，把家中剩餘的資金拿去做長期投資；短短兩年不到的時間，她原以為從雙薪家庭變成單薪應該免不了動用到存款，沒想到結果她不但沒有動用到存款，還因為定期投資獲利而存了一筆小錢，在未動用本金的情況下獲利足以支付孩子大部分學習費用！

對她的家庭來說，孩子的學習經費是她用心賺來的，雖說並未因此大富大貴，但在經濟上成為老公的神隊友，實質改善了家庭財務狀況，也藉此獲得了個人的價值感。

想要在經濟層面提升價值感，我們首先要先學會「家計力」。先學會整理自己經手的金錢，搞清楚金錢的流向，讓每一分錢成為你最好的幫手，無論你手中能動用的金額多寡，我們都應先認真的管理好它，清楚金錢使用的邏輯，並且做好規劃分配，提升自己的財商能力。

管理小錢跟管理大錢的邏輯大致相通，當你把小錢管好時，再接手管理整個家庭的財務，就會水到渠成。複利你的能力，放大效果。

持續提升自我

個人是否持續成長，也關乎對自己能力的信心和自我評價。具備「成長型思維」的人在遇到挫折時不易屈服，能對目標永保熱情，因為我們知道失敗是成功的必經歷程。我自己也是學習速度非常慢的人，絕大部分跟我一起學習的人，起步都能表現得比我好，但我相信勤能補拙，多學幾次我總會懂，如果我因為自己學得慢就畫地自限，那就永遠也做不到。

提升自我的方式很多，看書、上課、諮詢，盡量把自己放入一個學習氛圍良好的環境中，這就是為什麼我成立「MomPower 媽媽商學院」的原因。

在我成為媽媽的第一年，我也加入了非常多的媽咪群組，有團購的、有揪團出遊的、有親子共讀的、正向教養群、play group、產後瘦身群，甚至還有貴婦媽媽群、媽媽理財群等……從我的觀察發現，群組氛圍相當重要，有些群組因為版主嚴格管理發言，大家互動雖然很有禮貌，但卻有距離感；也有理財社群會直接熱烈的討論股票賺錢，讓媽媽們萌生追隨之意；有些則是拼命團購並分享哪裡有特賣折價好康……

在這些群組當中，針對孩子的學習群很多，但我發現，比較缺乏的是「媽媽的學習成長群」。

我認為，媽媽持續成長，對小孩跟家庭來說，絕對是幸福的重要關鍵。因為孩子在學齡前幾乎是二十四小時跟著媽媽的，就算學齡後，媽媽的地位對孩子來說還是無可取代。一個持續在進步的媽媽能懂得欣賞自己。媽媽的情緒、媽媽的主動力、媽媽的學習力、媽媽面對挫折的能力，都是孩子模仿和學習的榜樣。

我會為了讓孩子對英文產生興趣，親自在小孩面前上線進修英語課程；為了讓孩子喜歡讀書，親自在孩子面前閱讀。如果你的生活圈周遭都是熱愛學習的媽媽，並且常常約出來聚會，不妨讓彼此的孩子認識，這樣強大的正向循環絕對比送孩子去任何補習班都有價值。

一旦我們學習自我提升之後，對自我的好感度也會增加，自信心也會提高。你可以為自己設定一個小小的目標，例如：每天看一頁書、開始記帳三十天、每天寫下五件感恩的事情等，讓自己每天都能有一點小小的進步；多從不同角度挑

戰自己固有的思維，提升並且修正自己的行為，每天進步一點點，五年後的你絕對會感謝現在的自己。

外表增值

「都已經當媽了，外表不重要啦！」放任自己變胖、無論白天還是晚上都穿著睡衣，不打理外表，彷彿變醜是自己的選擇就不會受到打擊……一個很有內涵的女人卻總是不修邊幅，天天像個黃臉婆，說她有多自律、多上進，你會相信嗎？我想這樣的媽咪也很難綻放內在光彩。

重視自己的外表其實不需要花大錢，維持整齊、乾淨的儀容，頭髮梳理一下，只要買對適合自己的衣服，簡單的基本款就很棒了；維持健康飲食，就算不喜歡運動，也可以挑戰每天步行八千到一萬步，外表的增值也能使自己更有自信。

內在增值

你是否曾遇過那種光是從身邊走過就能感受到「高貴氣質」的人，氣定神間、婉約大方，眼神舉止都散發出光芒。氣質是由內而外散發出來的，少點抱怨、多些傾聽，不在情緒來的時候做決定，積極學習，散發出來的氣質肯定不凡。

女性的內涵與價值觀並不會因有了孩子而減損，有點年紀反而風韻更迷人。

然而，不是每個人都能擁有這種成熟優雅的氣質，像我就屬個性活潑的類型，所以我期許，老了之後也能讓人感受到「青春氣息不曾褪去」，成為一個好奇心十足，能跟著孩子一起學習、一起玩的老人。

千萬別怕麻煩，當大家都不麻煩你的時候，就是你完全失去價值的時候了。

3.2 人生資產的定義

別忘了無形的資產

「我沒什麼錢，有辦法創業嗎？」這是小熊的疑問。

在成為全職媽媽前，她是一位護理師，成為全職媽媽之後只能放下專業，照顧小孩，她想不出額外創造收入的方式，在她的觀念中，能創造收入的方式都必需事先投入一筆資金才能建構。

「你覺得資產是什麼？」

他回應我的問題：「錢吧！或是車子、房子之類的。」

小熊媽咪的認知沒有錯，通常我們在盤點家庭資產負債表的時候，都會以看得見的資產為主，因此我們對有價資產都不陌生，因為金錢是資產中最好被量化的類型，人們之所以很容易用錢來作為衡量成功與否的依據，就是因為很多無形資產都看不見，因此我們不容易發現自己擁有它。

但首先，我們一定要認知到「自己是有價值的」。

我的媽咪學員之中，有人是小學老師，第一次做親子講座前，主辦單位告知現場兩百多人中有三分之一是小朋友，我立刻當面向對方請益，面對眾多孩子該如何控場。我的媽咪學員之中也有人是護理師，在我的孩子生病時，對方直接寄送全套孩子生病時需要用到的護理用品到我家，並教我使用方法。也有很會做飯的媽咪，當我正苦惱不知這餐要煮什麼的時候，她能告訴我如何簡單用電鍋做出營養美味的料理……她們是我的學員，同時也是我的老師，她們擁有我所沒有的能力，而這些能力就是資產。

我們「生命經驗的累積」也是一種資產。學生時代那些好發問、創造力強、勇於嘗試新事物、最敢提出異議的同學，有很高的比例自行創業；而功課最好、考上好學校的同學，卻有較高的比例成為專業經理人，這就是源自於其累積的生活經驗不同。

由於每個人對自己的生活有不同的期待，大部分深刻的學習都是靠經驗得來，從書本上讀到別人的經驗，就算閱讀的當下覺得很有道理，但是真正遇到問

題時多半不會記得；然而如果是自己摔過跤、吃過虧的事情，倒是一輩子都忘不了，那才是真正學到。有了經驗之後，下判斷的準確度就會越來越高，對事情的看法見解也會有所不同，這些經驗都是資產，尤其對價值觀的累積更是寶貴，讓我們能對事情有更深層的思考。

如果你還不習慣將你的生命經驗資產拿出來使用，首先我們得先練習運用以下兩個思考方式來挖掘出你的價值觀。

1 三層思考練習

面對練習表內的每個名詞，請自問至少三個問題，或是列出三到五個這個名詞下你認為應該有的行為。

每一個我們所見到的名詞都有其定義。以「孝順」為例，有人覺得父母說的話無論是否合理都要順著去做才叫孝順，有人認即便是父母有錯，仍該據實以告，有良好互動才叫孝順。

2 行為對應練習

「你這是什麼態度？」當跟身邊的親人發生衝突的時候，我們很常脫口而出這句話，但是很弔詭的是，沒有人可以解釋什麼是「態度」，如果對應在親

$ 三層思考練習 $

「有錢」

第一層問題：要多有錢對你來說算有錢？

第二層問題：你想拿這些錢做什麼事情？

第三層問題：你想拿這些錢做什麼事情？

「財富自由」

第一層問題：要做到怎樣算財富自由？

第二層問題：財富自由之後你想做什麼？

第三層問題：完成這些事之後你的人生還有什麼其他的期待？

「幸福」

第一層問題：你感覺到最幸福的時刻是什麼時候？

第二層問題：幸福的時刻通常包含哪些元素（人、事、物）？

第三層問題：你想如何獲得幸福的元素？

「善良」

第一層問題：你對善良的定義是什麼？

第二層問題：善良的人會做哪些事情？

第三層問題：做個善良的人對你有哪些實質意義？

$ 行為對應練習 $

「尊重」

1. 不隨便嘲笑別人
2. 不欺負人
3. 說話要有禮貌
4. 別人說話要專心聽
5. 要有同理心

「責任」

1. 答應別人的事情要做到
2. 不要隨便找藉口
3. 做事情之前要想到後果
4. 能力不及的事情不要逞強

子對話中，孩子除了感受到情緒和威權外，這幾乎是完全沒有資訊量的一句話。

「態度」是什麼，這是個非常難理解的問題，是眼神沒對焦？站姿不禮貌？語氣口吻不好？說話太大聲？還是講話的內容沒禮貌？態度好應該要怎麼做？到底是什麼意思啊？坦白說，可能連說出這句話的我們都無法解釋什麼是態度，這時就需要我們把我們的語言跟行為做出對應。

我們可以試著常常做這樣的練習。當你評價一個孩子很棒，究竟他的哪些行為讓你覺得很棒，直接針對這些行為來讚美孩子，讓他具體感受到你的讚許。當你要求孩子認真的時候，得明確告訴他哪些行爲代表認真，在適當的時刻進行這樣的練習，能同時磨合雙方心目中的期待，更能有效增進人際關係、家庭關係、伴侶關係和親子關係。

我有時也會對老公說：「我想要有被愛的感覺。」老公總會這麼回答：「我很愛你啊，你的東西我都幫你準備好放桌上了，不愛你幹嘛幫你弄這些？」這時候我就會直接向他表達當下我對「被愛」這個行為所對應的期待：「我需要的是你抱我一下，關心我今天好不好。」人與人之間由於雙方認知的不同將導致行為上的不同，感受也就不一樣。

每一句說出口的話都蘊含著每個人自己的價值觀，對事物的定義往往是因人而異，因此「見解」就是我們用生命累積出來的資產。

你覺得誠實、慷慨、善良、快樂、勇氣、孝順、尊重、公平，這些名詞對

你來說，有什麼意義？可以對應在哪些行為上？這些價值觀都不該只是表面上的文字而已，而是一件你我都能做到的事情。

五萬元的一堂課

我對「善良」一詞也因為一次親身經歷而有了不同的看法。

以前我總認為，要當一個善良的人，一定要在別人需要幫助的時候伸出援手。但幾年前，我因為幫助一位跌倒路邊的老太太而吃上官司。這位太太摔倒在地，聲稱撞到頭，表情痛苦的說她頭很暈，希望我幫她打電話給她的先生。這樣的請求，我想通常任何有一個有同情心的人應該都不會拒絕，畢竟只是幫忙打電話而已啊！然而這樣一個看似簡單的幫忙，卻讓我招致更多的麻煩，付出不少時間跟金錢。

她先生有了我的電話號碼之後立刻報警，讓警察查這個號碼的主人來負責。根據他的說法是：如果不是我害的，那我為什麼要這麼熱心幫忙？而且當時我還帶了我的狗，對方聲稱是我沒有管好狗讓他太太嚇到，我是心虛才會這麼熱心。

第一次的醫師診斷，醫生說老太太身上連個擦傷都沒有，各項指數跟檢查也都顯示沒有問題，從數據上看來根本沒道理頭暈，但是那位阿姨就是站不起來，在醫院大哭大鬧，堅持要住院並請看護，還要我支付所有費用。而我在醫生告知那位阿姨完全沒事之後，就離開了。

幾個月後警察來敲門，因為對方拿著電話號碼報案，要警察找出這個號碼的所有人直接提告，這次她居然拿出了醫生證明，聲稱原有的慢性病因為跌倒而更嚴重了，後續長期治療的費用都要由我支付，包括計程車費、營養補充品、水果和醫療輔具……總共索賠三十五萬。

我當時有點生氣的問警察：「你們應該看得出這是詐騙吧！為什麼要受理？你們不用保護好人嗎？」

警察說，沒有證據可以證明這是詐騙，即便他能同理我，警察也只能看證據，而阿姨提出的那些醫生證明，以及我跟她站在一起的監視器畫面都成了對我不利的證據。（監視器角度根本完美，只能遠遠看到我的背影跟我的狗跑過去，接著她搖來晃去之後摔倒，完全看不到細節。）

負責案件的警察表示，他大概能猜到真實狀況，也明白我心理壓力很大，但警察是中立的，只要有人提告，警察不能拒絕不辦。

案件耗時八個月，我出庭了一次，去調解委員會兩次，期間對方的先生不斷打電話來威脅，最後讓我決定賠錢了事的原因是法院。

當時我以被告身分上法院出庭，被告人的「完整地址」當庭被朗讀出來，還被書記官打成文字呈現在螢幕上！對方已經一天到晚打電話來語帶威脅的恐嚇了，這下竟然還秀出真實地址！我很害怕如果求償不得，他們會對我的家人造成

傷害，所以決定賠錢了事，以五萬元達成協議撤告。

事後對方甚至說：「早點這樣不就好了，非要弄到上法院你才要認錯嗎？」縱使我心裡極端委屈，但也不想再跟對方有任何往來，只好把這口氣吞了下去，為了保護自身安全，只能花錢了事。

事發到現在已經好多年了，對於「善良」這兩個字到底該做出哪些「行為」來定義，我掙扎了很久，最終我得到的結論是：

1 我們不能因為自己受過傷害就不再關心這個世界，如果我們都不再願意幫助別人，這個世界就會越來越不善良，但是我們要更懂得保護自己。

2 如果你遇到陌生人需要幫忙，請務必直接打一一〇請警察幫忙，不要留下聯絡方式，我相信當時如果我直接打給警察，或許她的頭就不暈了。

3 警察只看證據，即便他們知道我被詐騙了，也不能憑感覺斷案，所以我們在日常生活中要記得無時無刻留下證據，是為了保護自己。

有時我們難免對這個世界的運行規則感到疲憊與失望，天天都有人利用這些漏洞做壞事還能得逞；但是，請不要對這個世界放棄希望，畢竟世界上還是好人多於壞人的。

若下次真的遇到了需要幫助的人，而我們卻沒有伸出手的勇氣，或是我們自己需要幫助的時候身邊的人都拒絕伸出援手，那該有多可怕？切記！聰明的善良才是真善良喔！

你得先學會「讓所有事情都有你自己的定義」。

習慣似水，能載舟亦能覆舟

除了生命經驗累積的資產之外，「習慣」也是你的資產之一。習慣的定義就是「不經思考就能一直重複執行的行為」。你花錢的習慣將影響你累積財富的速度，你吃東西的習慣將影響你的健康，你思考的習慣將影響你的人生發展，連運動習慣也影響你的身材。

我們每天早上幾點起床、吃什麼早餐、走哪條路上班、做什麼運動、上網都看什麼頻道、喜歡讀哪些書、用什麼姿勢睡覺，我們以為那是我們做出的選擇，但其實我們根本沒有選，這些只是我們順著習慣做出的反應，我們甚至沒去思考！

「房間裡明明還有人，但是出了房門仍隨手把燈關了。」

「明明下班想繞到超市買東西，卻不小心直接走回家了。」

——這些都是「習慣」所導致的。

好的習慣可以成為你的資產。習慣學習、習慣閱讀、習慣感恩、習慣接受挑

戰。壞的習慣則是讓人天天抽菸喝酒，習慣吃零食，習慣抱怨、習慣偷懶、習慣挖苦人……這些習慣都會無形中自行啟動，對我們人生產生巨大的影響。

除非自己明確意識到這些習慣的存在，並下定決心重新培養新習慣；否則想要改變，難度真的很高。

你覺得成功人士有哪些好習慣？何妨列出那些好習慣，試著做做看？這麼做自然能提高自己的成功機率。要做好一件事，除了要有意義明確的目標之外，執行力是其次最重要的事。

請盤點一下自己的習慣資產：

你有哪些好習慣？這些好習慣也是你的寶貴資產喔！

還有哪些好習慣是你尚未擁有，而你希望未來能養成？

很多無形資產都看不見，因此我們不容易發現自己擁有它。

「生命經驗」和「習慣」都是我們的無形資產。

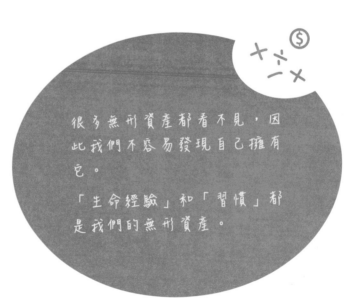

3.3

時時累積資源

人生無法快轉，凡求速效的都靠不住

快速累積人脈、快速累積財富、快速變現、快速減肥……人生幾乎百分之九十的事情只要掛上「快速」兩個字，後遺症都很多。快速致富的人因為缺乏財務管理的基礎，很容易因消費控制不當，甚至高估自己的財務狀態，讓錢一下就消失了。快速減肥的人因為瘦身方式不對，導致瘦下來之後無法維持，復胖機率提高，因為快速並沒有改變內在本質。

我們時常會羨慕特定領域的「成功人士」，有錢的富豪、身材好的美女、成功的企業家、和子女感情要好的父母、如膠似漆的夫妻關係；在羨慕的同時，

積極想要快速複製他們的成功，但是，成功真的有這麼容易被複製嗎？

這些成功人士侃侃而談的原因，不是因為他們未經挫折挑戰，更不可能在成功路上一帆風順，而是他們以堅定的毅力跟智慧克服了挫折、面對了挑戰，進而一步一步蛻變成為人人稱羨的他們。然而在奮鬥的過程中，他們一樣會迷惘，一樣會痛苦，這些都仰賴過程的累積。

快速代表缺乏堅實的基礎與底蘊，所有的能力都是累積而來。然而多數人都希望快速成功，我也好希望自己可以一覺醒來就家庭美滿、工作順利、財源滾滾，但到底成功能多快速？以小博大、快速成功皆是蜜糖毒藥，掌握正確知識確實可以提高成功機率、加快腳步，但是，是以合理的速度前進，再怎麼想快速學會英文仍得累積記誦的單字量，再怎麼想快速學會彈琴也得花時間練琴啊……

你必須洞悉本質

韭菜是一種生命力很強的植物，即便整株拿刀切斷，不久之後還是會長出來，因此市場上有「割韭菜」的說法，指的是處於優勢的人，憑藉著知識落差剝削一般大眾。這個詞彙常見被運用在形容股市中隨波逐流跟風的股民，只能任人宰割，且收割完不久之後又會再長出來。

然而類似的狀況不只發生在股市，更發生在生活周遭。

有一次我的朋友興致勃勃的找我，他表示最近認識了一個老師，這個老師開了上百場講座，教人如何買賣飆股，成立了一個專門討論投資的社群群組，學費一期要五萬多塊，每月再額外支付一千兩百元，還能參加投資社團獲得資源……非常積極的找我一起參加。

我反問朋友：「那這些學員們有多少人賺錢了？」

他聳聳肩回答：「我也不知道耶！但是群組來來去去，一直有新人，也有舊學員退群；看起來每群有個四五百人，而且已經開到四群了，天天討論股票……」我請朋友按兵不動，先觀察一陣子之後再說。

過兩個月後，他跟我說：「我發現大部分的人賺了錢都感恩老師，沒賺錢的老師都說是他們自己的問題，好像賺錢都是老師的功勞，賠錢是學生沒學好。」學員繳了一大筆學費之後，因為根基不穩，理財技術並沒有提升，距離快速致富還差得遠，但老師的學費已經安安穩穩的收進口袋了。

如果你急於成功，什麼都只想速成而不肯紮實的累積自己的實力，自然就容易受到外界的誘惑影響，被所謂的「速成成功學」吸引，接著就等著被割韭菜。

我自己跟朋友合作的財務課程就非常一步一腳印，從教學員記帳做預算開始。從人生每個階段的規劃、避險工具的使用，一整套的課程內容，為的都是讓你能達成掌握金錢的目標，而且提供無限次複習的服務，就是要確保學員學到

會。

媽媽這個族群的個人特質很特別，需要花很長的時間投入溝通成本，而我們又要求大家打好根基，因此服務成本非常高，是一個要獲利會有點辛苦的商業模式。

但是我們卻能自豪的說：「只要願意調整財務觀念，認真執行，每一位學員都能獲得財務上的改善；那麼，與自己理想的距離就會越來越近。」

想成功，也許能縮短時間，但是絕對沒有捷徑。你可能會遇到二十六歲的CEO，把公司經營得有聲有色，那很可能是因為他十六歲就開始養家；但你絕不可能遇到一個毫無經驗，讀了成功學一次就成功的CEO。

我們或許能在一年內吃苦耐勞的重複執行、試錯、再重來，就算被打敗，換個方法再來一次……壓縮一年的歷練勝過一般人的十年，但是不可能什麼都不做就成功。

更何況，如果二十六歲的CEO夠積極，工作五或十年的歷練累積很可能遠遠超越五十多歲尋常人二、三十年的工作經歷，這種累積是非常可觀的，千萬不要只看見表象就下定論，年輕就一定經驗少嗎？那可不一定，千萬不要用年齡去評估一個人的實力。

養成助人不求回報的好習慣

在我得知自己必須離開聯合創立的新創公司後第一個月，即便心理上已經有所準備，但我仍然很害怕，不知道自己的將來會怎麼樣。我在私人 Facebook 上公開我即將失業的消息後，立刻得到關注：

「你願意擔任我公司的顧問嗎？」

「有一個母嬰資訊平台好像在找主管，要幫你丟履歷過去嗎？」

「我很想跟你一起工作，但沒辦法付得起固定薪水，採抽成制你ＯＫ嗎？」

就這樣，在我離職之後，很幸運的，快速就銜接上現金流，且至今一直沒有斷過。

當時我建立了「精算媽咪ＬＩＮＥ群組」，想說有這麼多人都是以媽咪團購的身分起家，我是否也可以試著選擇一些自己喜歡的東西賣看看？但是我完全沒有業務背景，更沒有零售或團購經驗。

當時我找了我的好朋友、也是我長期使用的橄欖油品牌廠商，我跟他通話了約莫五分鐘，他就把經銷合約寄給我了，僅僅五分鐘的時間，我就成了一個澳洲橄欖油品牌的經銷商。雖然我最後也沒怎麼賣到商品……但這份感動我一直留著，好產品不但自己持續使用，還時不時就幫對方無償曝光一下他們家的橄欖

油。

「因為上次我遇到工作上的瓶頸時，是你幫了我，讓我現在有這樣的發展，還要謝謝你。」這是我常聽到的讚美。

橄欖油廠商也說：「之前是你幫我介紹那個主廚才讓我打進飯店市場，是我要謝謝你才對。」

其實，只要能幫助到身邊的人，基本上不困難的舉手之勞，我都會立刻幫忙，也不會放在心上，以至我壓根就忘了當時曾幫過他什麼忙。但這個好習慣讓我得到相當多的幫助，非常感謝我的好朋友們，也非常感謝自己的累積。人與人之間互相幫忙，善種子自然種下，朋友間相互支持，福報滿滿，感謝充盈，財運也會越來越旺。

我合作過的一間公司新聘請了一位公關主管，一次在跟該企業老闆聊天時，老闆很感慨的跟我說：「我聘請此人是看中他擁有業界超過十年以上的年資，經驗相當豐富，所以高薪延攬，我預期照理他與業內人士關係應該不錯才是，但卻發現他工作這麼多年好像沒有什麼累積，一通電話就能搞定的事情，通通都得陌生開發、從頭談起，實在是相當可惜啊！」

你必須成為別人的人脈

以前我的工作經常需要跟廠商溝通，有一次遇到一間大公司，對口的業務仗著公司背景硬，和廠商溝通時態度也十分強硬，有時甚至很沒禮貌，我雖然犯不著因為一個態度不佳的業務跟這間公司不相往來，但我相信，一旦有天當這位員工要是沒了公司這個靠山，再出去找工作時，肯定要吃虧了。

無論他原本的業績再好，也只是因為當時該公司在台灣提供寡占市場的優勢，業務人員只需仰賴公司建構好的所有SOP，按照公司體制教育訓練的方式執行，工作都能順風順水；但是不久之後，市場上同質競爭廠商陸續進入台灣市場，該公司的業績大受影響，獲利被瓜分、裁撤了很多基層員工，這時再次洽談合作，因為發球權已經不在身上，對方的態度一百八十度大轉彎，人就變得超級客氣……

這讓我印象十分深刻。我告訴自己，千萬不要成為一個仗勢欺人的人，我們每個人在這世上活了幾十年，一定都具備相當的能力，若想打造自己的舞台，必須先盤點自己的優勢和能耐，分析自己的強項與弱點，這些能力得是自己能帶著走的，不能倚仗公司或是任何人而來，才是屬於自己的資產。

何妨試著盤點自己有什麼帶得走的資產？無論是跨公司、跨領域，甚至在自我創造機會時，都能夠運用得上的能力。

$ 盤點自己的資產 $

盤點自己有什麼帶得走的資產

無論是跨公司、跨領域，甚至在自我創造機會時都能夠運用得上的能力。

1. 我所擁有的能力
2. 我所擁有的技術
3. 我所擁有的知識
4. 我的熱情所在
5. 我的個性取向
6. 我身邊的人脈
7. 其他資源

1「技術」：使用Photoshop、操作excel、烹飪技巧或寫程式……這種屬於「技術」，是一種透過反覆練習的專業技能。

2「知識」：指的是所知的內容，例如：財務知識、法律知識、醫療知識等……

3「能力」：則是你自己的觀點、溝通、整合、處理工作的方式、資源分配等這些軟實力，這些能力雖不屬特定領域，但是無論你身在何處，都能幫助你解決問題。

懂得取捨

在社群媒體普遍使用頻繁的今天，我們往往花太多時間去維繫萍水相逢的人際關係，可能逢年過節才會丟罐頭訊息問候一次，甚至是只有丟廣告訊息的時候才會聯繫，如果這些浮泛的社交關係讓你感到負擔、覺得不舒服，那就不值得我們花費太多時間在上面；只有將有注意力放在值得關心的人身上，才能將人脈品質提高。

一旦開始過濾社交網絡，你會發現並不是每一個人對你的生命都具有重要性，有些泛泛之交甚至可以毫無留戀的立即刪除，像是僅有一面之緣的人，或者是讓你感到痛苦、但情感上仍無法割捨的前男友，還有那些時常在抱怨或是攻擊

他人的人，我會先停止追蹤一陣子，若是發現他的負面行為仍無改善，我就會果斷刪除好友；因為這些人所提供的都是消耗能量的資訊，一秒鐘都不值得浪費在他們身上。

若是群組太多，我也會就群組的討論、群組團員組成、資訊品質適時的做群組斷捨離，禮貌的跟群組夥伴道別，不要讓訊息轟炸你的生活。

讓人際關係更為純淨，才不會影響到你的情緒，不重要的人就果斷割捨，面對割捨不了的人或群組則應思考，為什麼這段關係明明對你造成傷害，但你卻捨不得，這當中通常都藏有你的期望。

你對他人越有幫助，人脈越容易建立，想建立有價值的人脈我們必須先知道自己能為他人貢獻什麼價值，如果只求回報不思付出，那代表你對他人而言並無價值，未能提供價值交換就很難互相交流。價值的定義不一定是有形物質，帶來溫暖這種無形的價值也是珍貴的貢獻之一喔！

時時累積資源和人脈。

盤點自己能帶得走的資產，
並要懂得管理人際關係和人
脈資源。

3.4

別人的善意未必適合你

不失禮貌的微笑

因為時常在 Podcast 上分享我的學習發現，常常會有熱心網友給我建議，其中一個網友很認真的留言跟我說：

「帶著小孩是要怎麼做事？你被小孩絆住了，既然你捨得兩歲就把小孩送幼兒園，代表你的事業心還很強，那就要趁還有雄心壯志時出去闖一闖，況且你的創作內容幾乎在 google 都能找到，沒什麼差異化，我覺得你可以去外商公司，會有不錯的發展。」

我很感謝這個網友認同我的能力並誠心的給了我「他認為」對我好的建議，

而這個留言所反映的正是我想要解決的媽媽們的困難。

身為媽媽，我們要扮演多重角色，盡力而為的為自己的每一個角色負責，如果單純只考慮收入或成就，或許這位網友的建議是個不錯的選擇。

但是我所要的生活並不光只是收入或事業成就能滿足的，在臺灣女性創業支持暨發展協會裡，我認識好多高學歷的夥伴，其中不乏國內外的碩博士，成為媽媽之前，在外商公司工作的人不少，也都是高收入，但是他們卻在有了孩子後重新規劃了職涯，選擇離開外商；其實這取決於我們對於自己的人生優先順序要怎麼排列、目標夠不夠清楚、是階段目標還是長期目標。

對我來說，家庭就是我現在最優先的目標，當清楚自己的目標順序之後，就不會選擇與目標相違背的事業；也許等孩子長大了，這時我們的人生階段目標又會有所改變，會將重心再轉移到事業上，等年紀更大一些，又可能轉移到興趣的培養上，生活重心是會變的。

更何況，在當媽媽的同時，我們培養出更高效的時間管理能力，在零到六歲孩子發展最重要的這個階段，陪伴孩子一起成長，兩歲就送孩子去幼兒園也是我深思熟慮後的決定，這個決定雖然可以幫我爭取更多的工作時間，但找人顧小孩爭取時間並非我送孩子唸書的初衷，而是我希望讓孩子在團體中學習。

他在學校學會了跟同學相處、學會了界限跟規則、如何處理爭執、怎麼跟同學有效溝通，每天下課後我都能跟他討論在學校發生了什麼事情與他的心情反

應，一邊聽他的回答，一邊為孩子的成長感動，這都是孩子單獨在家所無法得到的。

透過團體生活所培養的能力、熱忱、價值觀、慣性思考模式，都會對孩子的人生有重大影響，兩歲就把孩子送去幼稚園不代表孩子是我急於擺脫的負擔，我反而感謝孩子讓我發揮了自己的潛能。

如果沒有孩子，我不會對現在的工作這麼有使命感，我工作的目標不是為了成就跟財富，更多是為了我的家，如果我只是為了個人的成就感出去闖蕩，那就違背了我自己的階段目標。人生真的很短，成功的定義人人不同，就算成為人們眼中稱羨的成功人士，回到家中能確實感受到幸福嗎？這才是我真正想追求的。

帶著孩子工作的確會有非常多的考驗，我也會有崩潰失控大罵小孩的時候，但能陪伴孩子成長仍讓我感到很幸福。我有的不是事業心，而是讓自己開心的心，不開心的生活就不算成功！

我認為當媽媽後創業的初衷往往都不會是單純商業取向，因為女性特有的細膩與感性，會更富有同理心，也更友善社會，想真正關懷社會並解決問題。

我所分享的許多內容 google 就查得到也是事實，在資訊透明化的現在，只要有心，期刊、論文、研究報告，網上什麼都查得到，我絕對不會是唯一一個發現者，但這些既有的資訊該用什麼觀點來解讀，每個人的答案都不一樣，這個過程就是我的價值。

我希望集結一群同質、理念相近、價值觀相同、樂於求知的媽咪們一起學習，透過長時間的觀察互動累積彼此的信任，儘管這樣的族群經營非常耗時，而且絕對假裝不來，假裝的人設經不起考驗，目前我自己的媽咪群組有上千人，夥伴們都能感受到我很認真做自己，持續努力於透過整合其他媽咪們的專長，把服務帶給大家。

媽媽攜手，群策群力

大部分透過網路授課起家的老師會採用課程架站平台開課，網站裡只有單一老師的一堂到兩堂課，而我自己架設的課程平台內則是有許多素人專家的課程，有本身是執業會計師的媽咪開設的親子理財課、在美國念婚姻治療碩士的媽咪開設的夫妻溝通課，也有身為投資顧問平台創辦人的資深財務顧問媽咪開立的媽咪理財規劃師培訓課程。

我們的老師們相較於網路名師較沒有競爭力，既沒有品牌包裝預算，也沒有講師形象包裝的預算，就是因為缺少「名氣」，因此不太可能有大平台願意投資製作費跟廣告費在一些「有能力但平凡」的女性身上，因此我們事必躬親，從頭開始整合能力，一起共好。

因為「我們都是媽媽」，如果你跌倒了，我們的老師可以走近扶起你，牽著你的手一起前進，必要的時候還能跟你一起照顧小孩。

這就是為什麼我想做的不只是「媽媽社群」，而是「媽媽學習社群」的原因，就是為了聚集一群有學習力、企圖心，想進步的媽媽。

在做這個職業決策時，除了「能力」外，我認為同時也得具備「熱忱」和「理念」。

我有一位學員，也是一位優秀的媽咪，以前曾經在英國唸書、工作過，當時的她一有時間就四處旅行，她希望自己的孩子也能有這樣的體驗，當她的孩子出生時，人在外商公司工作的她時常被外派，根本沒有時間帶著孩子到處去，因此她決定自己創業。

在創業初始就把經理人的股權規劃納入考量，一旦公司營運上軌道，她願意把大部分的獲利釋出給經理人，自己只留足夠生活、得以退休的持股就好，讓願意打拼的經理人帶領公司持續獲利，就是這份「夠了就好」的價值觀也同時能讓公司經營的爭執變少。

很多新創公司不賺錢的時候大家都能一起吃苦，一旦開始賺錢，股權分配不均，誰拿的多、誰拿的少就成了爭執甚至拆夥的導火線，人總因為心裡的不平與貪念起風波，如果我們知道自己的目標是什麼，這些爭執就比較不容易發生。

當我們在評估一份工作的時候若能同時把「熱忱」也考慮進去會更好，人一旦工作缺乏熱情就會一直「想換環境」。剛換工作時覺得自己很開心，原有的壓力一釋放，連平常看起來討厭的人也變得順眼多了，但工作持續一久，面對煩人的職場人際關係，和堆疊起來的工作量，又累積回過去糾結的工作狀態……這時你又想離職了。

正因為「熱忱」是做好一件事情的動力。

只要缺乏熱忱，腦中就會自然浮現「不想把時間花在這裡」的念頭，儘管再有

工作能力，缺乏了動力，就容易自覺價值感低落，感受不到自己的貢獻，情緒壓力也會變大，這可能導致自己回到家仍情緒暴躁，面對家人缺乏耐性；因此，找到對工作的熱忱也是很重要的考量之一。

然而，很多人認為，要找到工作的熱忱很難，尤其是面對自己不可控的因素：聽不懂人話的工作夥伴、外行領導內行、連指令都下達不清楚的主管……實在有夠煩人，這時我們就該將焦點縮限在自己身上，不要外求。

我們很難找到一個同事跟主管都很友善，管理系統、制度結構都很完美又符合自己期望的團隊，但只要找到你喜歡的部分放大它，你就會越來越喜歡你的工作。

無論你在哪個環境，只要有人跟事存在，煩惱自然就會發生，重要的是——

你自己想達到的目標有沒有辦法透過這個工作完成？

此外，也要留意千萬別陷入負面的慣性思考模式。

若一個人能力優異，充滿工作熱忱，但卻天天怨天尤人、成天臭臉，什麼事情都能抱怨，能力強就瞧不起人，一旦公司無法持續投入資源支撐他的工作熱誠，就會開始抱怨資源不足、公司不公，甚至因為種種不滿而搞小動作來平衡自己的心理，這樣的思考習慣也很容易讓自己感受不到幸福。

反倒是具備樂觀態度的慣性思考習慣，能幫助人樂於接受周遭的困難，願意積極解決問題、笑臉迎人，這樣的人即使能力平凡，也可以擁有較多資源、贏得他人協助，成功機會反而高。

面對別人釋出的善意，你可以微笑收下，但無須過度在乎變成討好。因為多數人都是友善的從自己的角度給出自認最好的建議，就連我們的父母親也是這樣，常常以「我是為你好」為名幫孩子做決定，但嚴格來說，這其實是一種控制行為；我們該做的，是聽聽孩子怎麼說，引導孩子思考，提出更多的可能性，分析優劣之後仍將選擇權交還給他，畢竟這是孩子要過的人生。

他人的人生經驗所得到的結論，並不見得能為我們的人生加分。

失敗是養分

3.5

我要的幸福

我記得那是一個極其普通的日子，我的父母親、弟弟、妹妹、妹夫加上我老公跟兩個外甥和我兒子，全部擠在我那二十坪大的公寓裡，椅子不夠，我們坐地板，地上到處都是玩具，我們得要隨時小心，以免踩到受傷。

我在廚房裡泡茶、煮咖啡，用行動喇叭放了輕音樂，因為地方太小，孩子沒地方跑，只得在大人身上一個傳一個的跨過來跨過去，父親跟弟弟滑著手機吃零食，其他人聊天的聊天，跟小孩玩的跟小孩玩。那晚妹妹跟妹夫以及兩個外甥在我家客廳打地鋪，眼看都睡著了；兒子已經很累，但始終捨不得睡，跟爸爸躺在

床上還在玩……我從門外看著屋內塞得滿滿的這一大家子人，忽然間覺得：

「天啊！這畫面怎麼這麼幸福？」甚至感動到有點想哭。

幸福源自於過去的經驗

我以前的家住在交通非常便利的市區精華地帶，室內坪數七十六坪，早期的房子都會為了讓使用坪數多一點把陽台外推，我們家也是，因此實際使用坪數更大。從小我就在家裡溜直排輪，還把木頭大餐桌當桌球桌，跟我妹打桌球；當時覺得這一切都理所當然，沒特別有幸福感，還會為了媽媽不給我買喜歡的CD唱片而生氣。

那時最印象深刻的幸福回憶是全家人到美國鳳凰城租了一間獨棟的農莊，晚上坐在載滿牧草的馬車上，躺在刺刺的牧草上被馬載著、顛簸的走著，路上一盞路燈都沒有，也沒有任何建築物，那晚的星星是我這輩子看過最多的夜晚，我們在農莊，早上騎馬，晚上烤肉看星星，花了一個多星期學騎馬，從一開始被馬欺負，到最後一天我們可以騎著馬一起把野牛趕回農莊……

這兩次油然而生的強烈幸福感源頭，都是跟家人一起。

然而，長大之後自己肩上多了責任，需要為家族努力。縱使大家的出發點都是善意的，難免有意見不合的地方，衝突自然變多。我們打電話不再是關心彼此，一打來就是公事溝通，回到家更自然的不想跟「同事」、「上司」一起在客廳看電視，只想著要休息，便直覺的躲進自己房間，家人的互動變得很少。

那時的我被稱為「小公主」或「大小姐」。朋友都羨慕我，說我是靠爸族，都不用怕失業；沒人看見我為了讓公司順利營運，付出的工作時間跟投注的心力。

剛畢業的大學生馬上得懂業務、行銷、人資、財務、研發、標準化流程建立，生活中都是五項修煉、平衡計分卡、五力分析、市場定位、目標、模組化、規模化。當別人在追五月天，我追的是彼得．杜拉克（Peter Ferdinand Drucker）；做足了自己不擅長的事情還得不到認同，很沒成就感，總覺得自己不管再怎麼努力，成功做出成績就是靠爸族，稍微做錯就是敗家子。

現在，在這個二十坪租來的房子裡，我反而感到了踏實，究竟我該如何讓自己維持這樣的幸福？我還要去盲目追求更多嗎？

我開始探索當時的自己究竟發生了什麼事情，回想當時的心態，我到底想得到什麼？才發現當時的自己做錯了很多事情。但人生不能重來，我們只能繼續向前，設法讓未來更好。

坦承錯誤，向失敗告別，那麼對的未來就在眼前

「承認錯誤，相信自己有能力改變自己的未來，讓自己變得更好。」每個人都有缺點跟弱點，如果能接受自己的弱點，面對問題調整自己，才會成長；如此也才不至讓自己背負完美主義的壓力。

以前的我只要認為自己的觀點正確，就會努力去爭取認同，蒐集數據、文獻，據理力爭，就算對方不認同我的觀點跟立場，也得提出足以說服我的佐證來論證自己的觀點，如果純粹以過去的經驗跟個人觀點論述，我一律抱以懷疑的態度，自認「明明我才是對的」。

當時有位跟我同位階、不同部門的同事，是一位看著我出生長大的叔叔，由於年紀漸增，對工作有點怠惰，也不想成長；我認為，就公司的立場來說，沒有產值的員工對公司來說就是多餘的負擔，每個月付薪水給無產值的員工就等於是

把錢丟到水裡，我們還得額外聘請執行力強的人來填補工作空缺，況且從財務報表也顯示出公司的薪資占比過高。

我打從心底感到自己像拉著一車不會動的牛在前進，曾經也拍桌質疑：「為什麼每件事情都要處理這麼久？為什麼執行力會這麼差？」我因為自己是唸人力資源管理的，又擁有美國人才發展協會（Association for Talent Development）的培訓證書（Training Certificate），自己覺得很行，因此盤點出幾位養老心態的員工後，我一直很積極想直接處理，請了顧問、做出考核制度，甚至辦讀書會，對當時的我來說，不願意學習、不想進步是他們的選擇，不應該由公司全體來承擔。

但這些人都是看著我長大的，我從小的奶粉錢、唸書的學費，甚至能夠出國去玩都是這些員工年輕時打拼賺來的。我錯在當初的態度太強勢，就算初衷是對的、方法是對的，所有數據都站在我這邊也沒用，用不恰當的態度傳達對的事情是不會被認同的，因此無論我的講的是事實還是個人觀點，都不會有用。

儘管感恩他們當年曾經的付出，但不能一直拿公司的未來當賭注。

彼時，我的父親一直懷抱著公司快速轉型的理想，希望讓老員工都能退居二線，變成品管或區域主管，以幫助大家養老，我們必須投入更大的資金去創造出另一套商業模式，且這個模式必須要能容納很多老員工，於是我們開始將大資金投入小型連鎖事業……

我開始到日本參觀許多百年企業的管理模式，發現了家族企業跟企業家族的不同；在家族企業中公私不分，一旦長輩變成下屬時，就成了人倫問題，而不是管理問題；然而企業家族則是公事公辦，在公司就完全以公司體制管理，不論輩分，公司用人只論能力和需求，不會因為人情而聘僱沒有產值的親戚。

當時的我學習到：很多事情不是據理力爭就行，就算有理還是會輸的原因在於表達方式，透過自我覺察，我開始改變自己原先的信念。其實這個世界很複雜，所謂的對錯往往都是主觀價值判斷出來的，而每個人的主觀價值都是人人自我中心的認定，每個人的標準不同，沒有人有辦法用自己的主觀去思辨對錯。

我的結論是：「透過良好的溝通可以找到一個有效率而且中性的做法，使雙方都能認可的狀態下達成協議。」

當時我自己手上的新計劃太多，又爭取不到資源時，只得親自奔走，到處整合資源，幾乎沒時間進公司……文件簽呈多到堆滿桌，其他部門的人難免說閒話：「老闆的女兒都沒在工作，你看，今天又沒來。」

當時我部門同事跑來跟我說：「明明你都已經忙成這樣，還一直被說閒話，這樣很不公平耶！」

我當時是這麼回答的：「我做的事情，就算講了，短時間內一般員工也沒辦法理解，多解釋只會徒增誤會，與其把時間花在那，還是做出成果比較重要吧！」

掛名經理的我把一些瑣事都授權給時任的副理，因此發生了錯誤，造成公司損失，在會議上遭到你一言我一語的猛烈批評，我統統一肩承擔下來，因為就算決策不是我做的，授權之後未能善加追蹤也是我的責任。

打完一場硬仗回到部門辦公室，副理與跟兩位一起工作的同事跑到我辦公桌前表示：「我們以後會更小心，一定不會再讓你被罵。」當下我真的很感動。

面對一次又一次的挫折打擊，能承認自己的缺點、認清自己犯了錯且知過能改，從親自改變後才發現，周遭的一切也隨之改變。

我常會檢討自己，如果當年的自己擁有現在的智慧，能不能避免一些不幸發生？然而，智慧都是從一點一滴的失敗之中累積出來的，如果我沒有經歷過挫折、沒有痛過，或許一輩子我都是那個氣焰很高，擁有一切卻感受不到幸福的大小姐吧！

心態的調適是關鍵。如果我們都把事情想得很苦，它就會真的很苦。我們難免在人生中遭遇挫折，考試失利、與情人分手、被公司解雇、投資慘賠、離婚、被騙……但是遇到挫折之後，怎麼避免下次再犯錯比卡在錯誤裡懊悔更重要！挫折終會過去，一旦學到了、成長了，就是一輩子的收穫。

從失敗經驗中成長，失敗將為你增值，若是自己繼續怨天尤人，無法自我檢討，那麼你將會被失敗的經驗擊潰，持續貶值。

所謂的理想人生或許在這世上並不存在

我們都太執著於所謂的理想人生，但只要我們保持積極的心態，不怨天尤人，那麼我們其實就已經走在理想人生的道路上。世上根本沒有所謂完美的理想人生，端看我們是否能發現幸福，而不再繼續抱怨而已。

況且大多時候，我們在還沒犯錯之前，對自己的決策總是信心滿滿，不認為自己會錯。

甚至有些時候明明知道自己錯了，還嘴硬不肯承認，為了愛面子硬撐，以為撐下去就是一輩子，彷彿只要不承認錯誤就沒事了。

我無法理解，怎麼會有人既已知道自己的方法沒用，還是要堅持一直重複錯誤，不願承認自己的失敗？失敗又怎樣？再改就好了，否則一輩子都沒有成功的機會呀！

就如同很多人覺得離婚就等於承認自己嫁錯了人，就等於人生失敗，覺得丟臉，所以明明夫妻感情已經不好了，甚至早就沒有親密關係，呈現婚內失戀的狀態，還是嘴硬死撐著，不願讓步。

這樣的人往往認為自己退了一步就是認輸，只能眼看婚姻一步一步破裂；但其實兩人或許只要肯承認錯誤，修正自己的態度，換個角度去看待對方，認清兩個來自不同家庭的人本就有不同的價值觀，若願意坦誠彼此的差異，並「認同對

方」，縮小缺點、放大優點，關係是有可能回溫的呀！

但如果無法接受對方的差異，無限放大缺點，當兩個人真的無法再共處，離婚也是一個迎向新生的機會，畢竟沒人結婚就想離婚，一結了婚，少說也得相處個五十年啊！若婚姻成為彼此的折磨，任誰都會失去光彩。

離婚其實並不可怕，可怕的是被自己的恐懼和道德框架，人生短短幾十年，不要為了自尊跟面子讓自己一輩子不開心，為自己的人生努力本就天經地義，與其互相折磨，不如適時的放手才是愛的真諦，我看到身邊不少朋友離婚之後找到全新的自己，甚至找到更適合自己的另一半，我誠心為他們祝福。

我們都期望能遇上那個全然接受自己的人，期待對方不只包容忍耐，而是打從內心認同，真正懂愛你的人是就算偶有意見不合、氣頭上吵到屋頂快掀了，也捨不得出口／出手傷害你。如果你的另一半不惜傷害你也要爭輸贏，請修復好自己的心，練習脫離對他的各項依賴，然後堅強的轉身。

兩人的婚姻之中，無論哪一方贏了都是輸，差別只在於誰能比較快從失敗中站起來而已，若是有了孩子，更要給孩子一個健康快樂的自己。父母勉強在一起卻成天吵架，使家庭氣氛籠罩在高壓之中，那麼這個家只徒具表面健全，實際上卻會給孩子帶來負面影響。

雙方離異但各自精采，孩子便像擁有了兩個健康的家，雖然夫妻離異在社會價值觀中被視為家庭不健全，但對孩子而言，卻可能帶來正面的影響。婚姻生活好比穿鞋，且不管好不好看，穿起來舒不舒服只有自己最清楚，夫妻間唯有放下比較心，找到自己適當的位置，適合的才是最好的。

永遠相信自己能改變現狀，使自己更好，且不是空有相信，而是相信並找到方法去具體實踐，**以行動讓自己變好。**

接受自己弱點的同時，面對問題做出調整！因為我們都是一次又一次的承認錯誤之後才能成長，自認永遠沒錯、不懂檢討的人是一輩子都不會進步的，這樣的人終其一生都會陷入「永遠覺得是別人對不起自己」的悲哀。

從失敗經驗中成長，失敗將為你增值。

世上根本沒有所謂完美的理想人生，端看我們是否能發現幸福不繼續抱怨而已。

3.6

別把努力當成貢獻

別拿苦勞當功勞

別把努力視為一種貢獻，若抱持著這樣的想法，年紀越大就越吃虧。你必須搞清楚最重要的事，以終為始，才有辦法實現自己的期待。

「我每天為公司賣命，投入了這麼多精神時間，比很多人都努力，但是薪資待遇卻不成正比，心裡覺很不平衡。」這句話乍聽之下很有道理。付出的多就應該有更好的待遇嗎？沒有功勞也有苦勞？我雖然很能同理這一點，但是卻無法認同。

可能是因為自己長期在職場上需要為自己的判斷負全責，必須學會以最少的時間完成任務；身為決策者一旦決策不當、發生危機，可能動用的資金、人力、風險，以及對公司價值可能引發的後續影響，更需要當機立斷的判斷，在問題事發當下就得迅速提供解決方案，這可不是光靠努力就能辦得到的。

以前我在美國唸書時，有一堂課考試超難，老師每次都會給學生一整篇A4的長文要我們簡化成五到十句話，超過就扣分，這是當時商學院的訓練。老師說：「當溝通對象的層級越高，時間就越寶貴；商場上溝通的價值必須於短時間內奏效，不需要洋洋灑灑一大篇，主管、老闆、廠商往往因為沒時間看，溝通成本太高，就直接跳過你的提案。」

對於老闆來說，時間跟精力都是珍貴的資源。然而我們卻常將自己的投入多寡錯當成是一種貢獻，以為投入的時間長就應該被肯定？殊不知只憑努力不一定能達到目標，甚至若努力的方向錯誤，有可能距離目標越來越遠，久而久之還將因期待過高、打擊越大，而失去自我認同。

因此無論是在家庭或職場，當你的決策權影響層面越大，所要付出的代價就越高，對於目標的確立就要更加清晰。一個總經理跟一線業務員作出的錯誤判斷，要付出的代價大不相同，在家中也是一樣；影響力越大的人越該從容，不要急功近利，更不能僅用自己有限的知識傻傻的努力，雖然願意付出代表有心上進是好事，但我們更得持續學習進步，做出更有效率的判斷。決策的執行過程當然也很重要，但這些付出必須帶來成果。

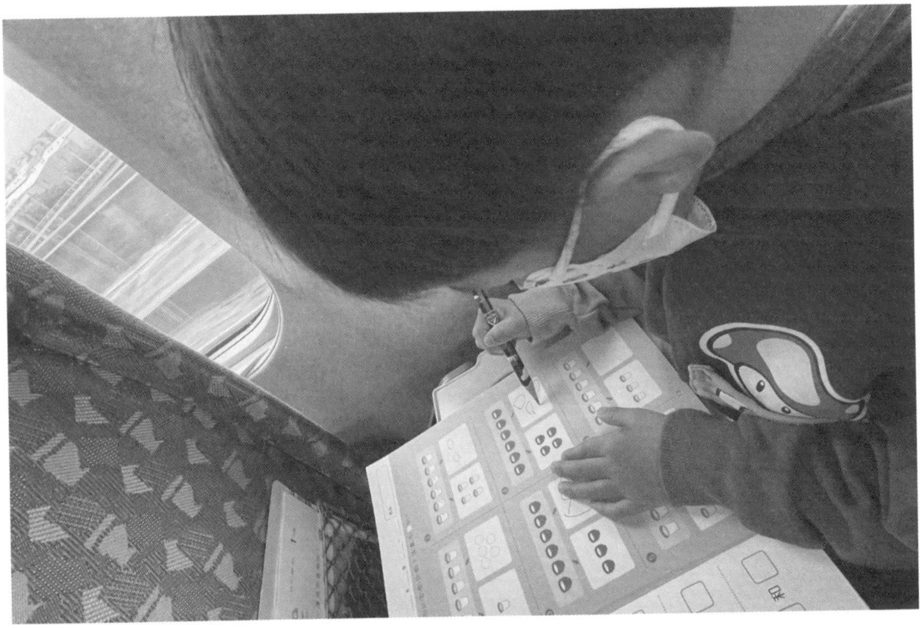

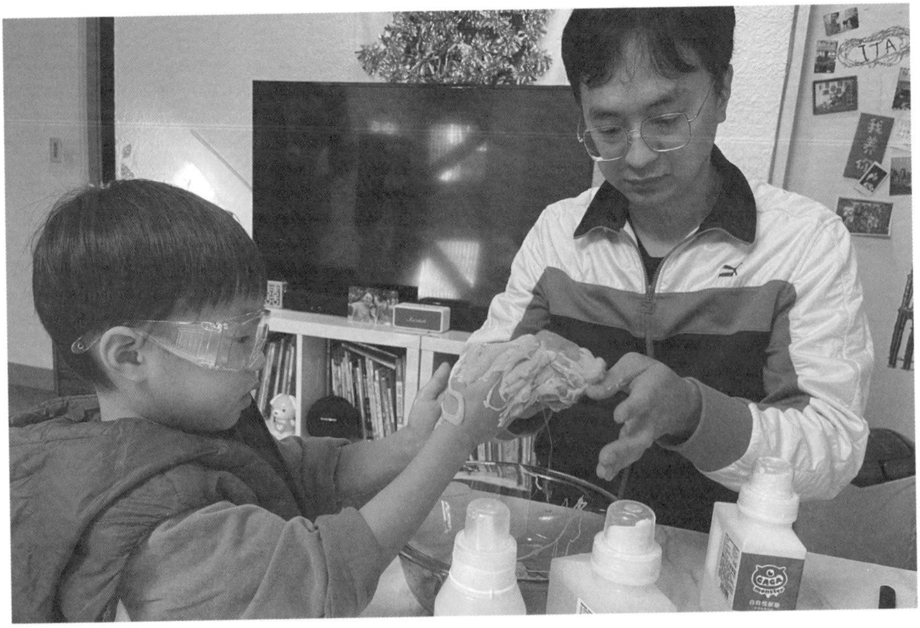

面對這個世界的智慧

我們讓孩子去體驗各種生活、耐心引導他唸書、學習溝通，都是為了最終能使他有足夠的生存能力，為了這個結果，我很贊成人在年輕的時候多嘗試，多做多錯也沒關係，勇敢犯錯，因為我們還有很多時間去理解社會的運作，找到自己的優勢；最重要的是，年輕人通常會獲得比較多的寬容，有一點年紀之後，社會對人的要求標準就提高了。我們需要提升自己面對這個世界的智慧，如何創造自我的價值，幫助自己增值就顯得非常重要。

我從個人品牌「精算媽咪的家計簿」轉換到成立「MomPower 媽媽商學院」平台，找了媽咪夥伴們一起合作，就是因為我不只想自己單獨發光，而是想跟很多人一起發光，我需要透過理想來累積自己及夥伴的價值感。

因為陪伴孩子慢慢成長，讓我學會重新調整姿態，真心的慢下來服務媽咪族群，這對我來說是很有價值的。

每位媽咪的個性、時間需求、家庭狀況跟對課程的期待，需要觀察種種家庭差異與媽咪細微的心理變化，人人都不一樣，然而我們每一個都是媽媽，都能理解彼此的難處，願意放慢腳步跟大家一起小跑步，也都願意優先貢獻自己過去的經驗跟資源來維持團隊營運，陪伴大家一起長大，站穩腳步後再一起賺到主動收入、建構被動收入，維持好家庭，變得更幸福。

因為我們知道自己要什麼，我們面對的是Vision，能幫助多少媽咪「走到幸福這一端」就是我們的願景，只要做對事，自然就會帶入業績，初衷不滅就是心誠則靈的秘密。

你所付出的努力若是未能結果，儘管在過程中能得到有許多學習機會，但在團體中無法產生貢獻，是很遺憾的事。因此我們必須不斷提升自己，做出成果，讓別人得到收穫，別錯將努力當成貢獻，委屈了自己的心。

.第3章.作業練習.

✓ 我生命當中最後悔的事情是什麼？

✓ 如果換成現在的我，會有哪些不同的智慧去處理同樣的問題？

✓ 金句：若人生當中從沒有過後悔，那你大概什麼事情都沒做過，這些無法改變的過去是為了讓未來更美好。

New goals

"

目標設定

"

Chapter Four

4.1

從人生終點回顧

驀然回首

你對此生有沒有任何期待？如果把你的人生化成一條時間軸（Timeline），當中發生了什麼大事？這些大事是如何影響你的？

以前總聽長輩們說：「時間過得好快，一轉眼就老了。」年輕時的自己並沒有這樣的感受，但自從生了小孩以後，孩子從出生、會爬、會走、開始叫第一聲媽媽、到現在會跟我討價還價，我親身感受到時光飛逝。

愛爾蘭詩人葉慈（Willian Butler Yeats）曾經寫下一首詩〈When You Are Old〉。

〈When You Are Old〉

葉慈（Willian Butler Yeats）

When you are old and grey and full of sleep,
And nodding by the fire, take down this book,
And slowly read, and dream of the soft look
Your eyes had once, and of their shadows deep;

How many loved your moments of glad grace,
And loved your beauty with love false or true,
But one man loved the pilgrim soul in you,
And loved the sorrows of your changing face;

And bending down beside the glowing bars,
Murmur, a little sadly, how Love fled
And paced upon the mountains overhead
And hid his face amid a crowd of stars.

〈當你老了〉

演唱：莫文蔚

當你老了　頭髮白了　睡意昏沉
當你老了　走不動了
爐火旁打盹　回憶青春

多少人曾愛你　青春歡暢的時辰
愛慕你的美麗　假意或真心
只有一個人　還愛你虔誠的靈魂
愛你蒼老的臉上的皺紋

當你老了　眼眉低垂
燈火　昏黃不定
風吹過來　你的消息
這就是我心裡的歌

當你老了　眼眉低垂
燈火　昏黃不定
當我老了　我真希望
這首歌是唱給你的

這首詩被翻譯改編成一首歌，被無數人翻唱，我第一次聽到這首歌是莫文蔚的演唱，我的父母非常喜歡這首歌。

你有沒有想過自己會老？如果我今年九十歲，我選擇按照自己的規劃重新活過一次，人生會不會因此而有不同？我相信這個答案非常顯而易見，經過了九十年的歲月，我們的所見所聞肯定有所不同，也更加了解自己，如果你今年四十歲，到六十五歲退休年齡還有二十五年，到可能的死亡年齡也還有二十五年，我們的人生才過了一半，還有機會在我們人生結束的那一刻「沒有遺憾」。

如果你的人生正在經歷著痛苦，那麼把人生拉長來看，這只是你人生時間軸中的一個小點，這些事情放在你人生當中還會是大事嗎？如果不是，或許你可以選擇用輕鬆一點的眼光看待這些事情，或許生活會快樂一點，少一點臭臉、少生氣一些，後悔就會少一些。

「如果現在就是人生結束的那一刻，你有什麼遺憾？有什麼很想做的事情因為各種因素拖延導致沒能做到？有沒有很想握手言和的人，礙於面子而沒跟他和好？」這也是我時常問自己的問題。

如果有，我們可以現在就列出將來要執行的時間表，以五年為一個單位，設法去完成夢想，讓人生的遺憾少一點。人生沒幾個五年，理論上越年輕的時候可以完成的事情越多，在五十五歲前可以每五年完成二到三件事，五十五歲之後每

$ 夢想執行計畫表 $

還沒執行的夢想，我想要什麼時候完成。

30～35 歲	1. 2. 3.
35～40 歲	1. 2. 3.
40～45 歲	1. 2. 3.
45～50 歲	1. 2. 3.
50～55 歲	1. 2. 3.

五年完成一到兩件就不錯了。

想跟吵架很久的兄弟姐妹修復感情、想找回初戀男友看看他過得好不好、跟前夫和解、想要去看一次極光、想擁有自己的小餐車……統統可以列出來，就算夢想天馬行空也沒關係，寫出來排進人生的待辦清單裡，才有機會達成。

我身邊有長輩就是等到六十五歲才第一次跑去看極光，超酷的。假設你現在四十歲，那麼四十到四十五歲前你要完成什麼重大事情，四十五到五十、五十到五十五、以次類推……七十歲之後理論上想做的事情也都做得差不多了，如果還有想做的事情，當然可以繼續列出，只要這個夢想是能符合當下那個年齡執行的並無不妥，例如我很想嘗試高空彈跳，就不太可能設定在六十五歲之後完成，想要參加合唱團，就算九十歲都能做得到。

想在人生結束的那一刻沒有遺憾，就得在活著的時候盡力不留遺憾，才有可能微笑著跟人世告別。

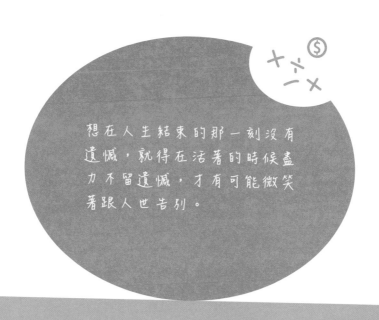

4.2

發現自己想要什麼

傾聽你的心聲

什麼是自我？這是一個哲學性問題，你認識你自己嗎？你了解自己的情緒嗎？你會在哪些情況下忽然爆炸？你在什麼時候會感到沮喪，什麼情況會特別開心？甚至什麼狀況下容易對別人冷言冷語？

舉我自己的例子，我通常在精神疲憊的時候比較不理性、特別有情緒，而且會產生批判他人的想法，雖然這樣的想法我通常不會說出口，但在疲憊狀態下，我的確無法時時保持正面。

你也可以問問自己有什麼熱情或是抱負，這一生想要獲得什麼？這個問題

$ 探索問題根源 $

1
面對一個框架跟規矩很多的人，是什麼原因讓他害怕跳脫既有的模式？

2
無法心平氣和的跟另一半說話的人，真的是另一半這麼討人厭嗎？

3
很喜歡炫富的人，是否因為童年的匱乏感引起的？

相當重要，許多人一輩子都在做背離自我的事；例如想要家庭美滿幸福，卻因自尊心太強，遇不如意的事連一口氣都吞不下去，總是抱怨不滿，放任自己說話不留情面，與家人關係決裂，只期待別人來理解自己，但卻從未想過去理解別人。

很多的表象背後，其問題根源是需要探索的。

1 面對一個框架跟規矩很多的人，是什麼原因讓他害怕跳脫既有的模式？

2 無法心平氣和的跟另一半說話的人，真的是另一半這麼討人厭嗎？

3 很喜歡炫富的人，是否因為童年的匱乏感引起的？

這些問題能幫助我們試著撇開刻板印象、換個角度去理解身邊的人，但最重要的是，請同樣試著理解自己，透過這樣的探索過程能讓自己越來越接近真實的自我。

我們常聽人說：「都幾年了你還是不改！」「都是因為誰誰讓我生氣的。」但其實一切問題的根源來自內心，你所看見的外在世界，其實都只是內在自我的投射。

我有一個朋友活到五十五歲都還不會做家事，沒有孩子也不需要為家計煩惱，看似什麼都不會，但她先生覺得老婆單純天真就是最大的優點，每天看著太太覺得她很可愛。也有人認為娶到這種什麼都不會的女人真倒霉；有些人覺得女人獨立一點，能各司其職的把家照顧好也樂得輕鬆；但也有人覺得妻子太過獨立將顯得丈夫沒有威嚴，因此想盡辦法壓抑太太的成就……這些差異都在一念之間。

如果能察覺自己內心真實的想法，問問自己「這一生想要獲得什麼？」並根據自己的需求，改寫人生劇本，從當下最重要的事情開始著手改造。親近自己，從自我出發，你將擁有全新的視野，面對一切的困難都能迎刃而解。

探索問題根源，試著理解他人和自己。

透過這樣的探索過程能讓自己越來越接近真實的自我。

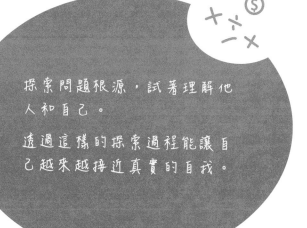

4.3

你能做你喜歡的事情並兼顧收入

總會有辦法

當你發現了自我之後，更能明白自己喜歡些什麼，而我相信，只要你一心想創造自我，永遠都有辦法、永遠都有希望、永遠都有其他選項。

前一陣子我透過朋友引薦，認識了一位做衝浪編織手環的女孩，她因為家中破產而負債幾百萬，又因為突如其來的疾病纏身，當她身處絕望之境，突然想為自己的一生做些瘋狂的事。

於是她在不會游泳的情況下跑去學了衝浪，她的勇氣讓她找到了自己的生命力，於是成立了的自己的衝浪編織品牌，希望結合大自然與繽紛的色彩療癒更多受傷的人。她選擇從零開始學習，一開始連材料都不知道去哪找，更不懂得做品牌，到現在開設無數的課程，透過色彩探索內在情緒，編織專注意念覺察，療癒許多人的情緒，守護他人也創造自己的收入。

你的夢想不必很遠大，但是做的事情一定要有意義，而且要能馬上看到自己的進步、感受到希望。

你可以將大目標分段，拆解成能讓自己快樂感動、有成就感的數個小目標來執行，千萬不要先入為主的認定自己是外行做不到，或是自以為擁有多年的專業與經驗而自滿，有時創新就是需要破除本業迷思，用不同的角度切入反而能產生優勢。

然而，我們真正要設定的目標絕對不僅只是量化的帳面數字，而是要讓自己學會正面看待自身、透過成就感自我肯定。舉例來說，我

珊迪兔訪 Sea Y'all 希亞
海洋療癒飾品 Sherry

https://tinyurl.com/2mwbuakz

想將體脂肪降到百分之二十五，以健康的方式愛自己；我希望能將財務狀態調整到心理輕鬆，讓我在面對家庭開銷時不感壓力，以這樣的方式來設定目標，能讓自己更為開心，因為我們不是為了增減帳面上的數字而減肥或理財，我們在乎的是目標數據達成後，自己所擁有的喜悅。

我們甚至可以放大目標到回饋社會，當你有能力回饋更多時，你會越發喜歡自己，這時金錢就是隨之而來的附加價值，不需要用盡心力追求，只要你做的是正確且利益他人的事，必定能帶來收入。

你的夢想不必很遠大，但是做的事情一定要有意義。

只要你做的是正確且利益他人的事，必定能帶來收入。

4.4

發現人生

看清真相

這張「冰山圖」相信大家都不陌生，所有人做的每件事一定有其意義，只是這層意義究竟是顯現於冰山之上還是冰山之下，各有不同。

一塊漂浮在海上的冰山，我們通常只看到浮在海上的冰山一角，而看不見絕大部分沉在水裡的才是重大的關鍵。

$ 行為認知冰山 $

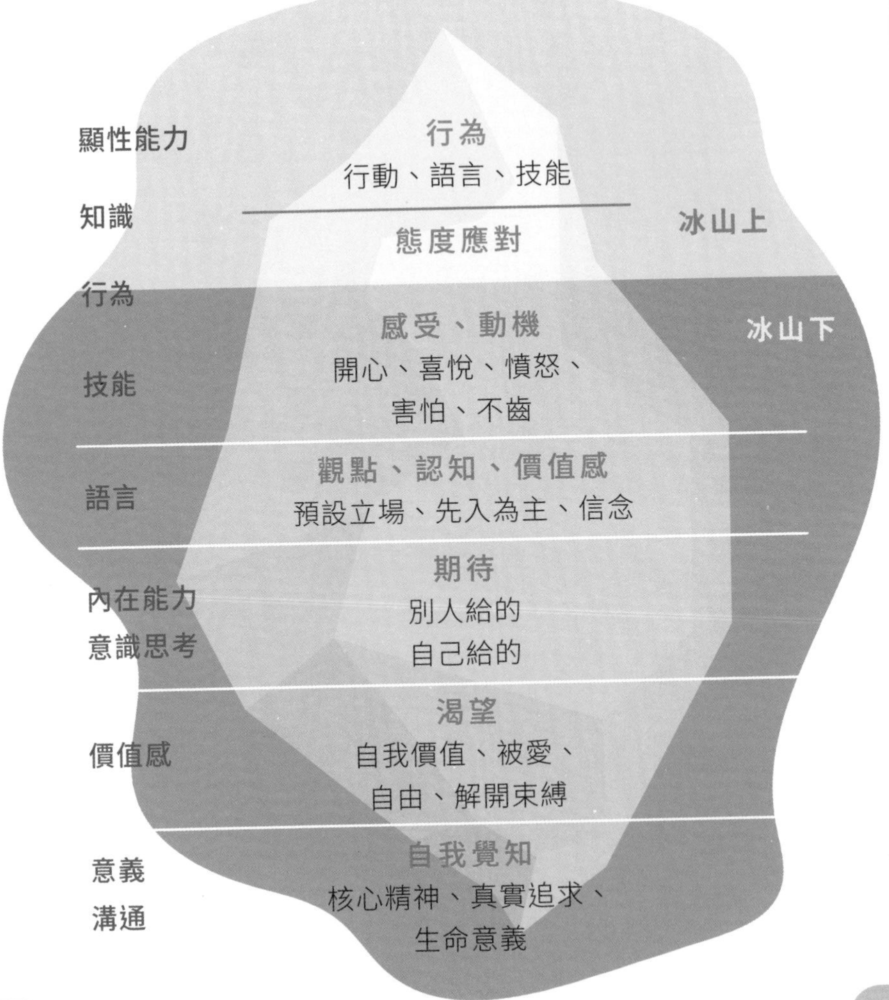
顯性能力
知識
行為
技能
語言
內在能力
意識思考
價值感
意義
溝通
行為
行動、語言、技能
態度應對
冰山上
冰山下
感受、動機
開心、喜悅、憤怒、
害怕、不齒
觀點、認知、價值感
預設立場、先入為主、信念
期待
別人給的
自己給的
渴望
自我價值、被愛、
自由、解開束縛
自我覺知
核心精神、真實追求、
生命意義

如果用冰山圖來看，最上層的行為包含了「知識與技能」兩個部分，知識的部分以理財為例，就是財務概念、預算分配、各種投資途徑的認識等知識，技能就包括了像是軟體操作、投資工具的運用、數據圖表的解讀等硬實力。

而冰山下的認知能力則是包含了認知觀點、價值觀、期待、渴望、自我覺知、學習能力、思考力、溝通力等軟實力。

一個人的行為如果缺乏浮出水面的冰山上半知識技能，可能會顯得焦慮不安、不夠自信，還好這個部分多半能靠學習、與人合作，甚至是外包來補強。然而，沉在水面下的內在認知能力是否強大，才是一個人能否致勝的關鍵。

你能控制自己，在盛怒之下不爆發、有擔當、不推諉責任，靠的都是冰山下的認知；這也是人們用以判斷萬物的標準，唯有發覺自己隱性的價值觀，才能端正態度，擁有正確的心態。

其實在我一開始做家庭理財 podcast 頻道時，我自知自己浮出水面的知識技能遠不如那些金融大師、投資老師們厲害，畢竟他們是每天鑽研不同的投資工具，投入了大量的時間與精力；但是我清楚知道，自己冰山下是充實的，我了解自己的人生價值，對於自己的人生要追求什麼，如何分配時間工作，我只需勾勒出自己的幸福框架，接著想辦法將其填滿，在每一個設定的範圍內填滿繽紛的色彩，夢想就能圓滿。

我描繪著自己的幸福藍圖，精算出每個月應該存多少錢、投資須達到什麼

績效能為孩子存足學費、怎樣可以買房、如何安心退休，同時透過發覺更好的自己，開啟新職涯第二人生，躍向空中畫出拋物線，任自己的潛能盡情飛躍，這就是我要的幸福。

曾經我們以為，要擁有更多才能幸福，所以一直在追夢的路上苦苦追趕；但某天我突然醒悟，反而越是崇尚極簡、慾望越少的人，越是幸福！

雖然我自己也會買昂貴的東西，因為東西耐用、實在、有質感又好看，一個義大利的牛皮包可以用十年，剪裁好、質感佳的西裝外套可以一直穿下去，上一堂有用的課，一輩子受用，這樣就算是大額開銷我也不覺得浪費！人的一切行為都取決於個人的價值觀、能力跟需求。

自從我生了小孩之後，搭計程車的頻率提升，交通費變高，也許有人認為搭計程車浪費奢侈，但在我跟我老公評估取得共識之後決定不養車，因為在台北光是最便宜的停車位月租大約也要四千，這還不包含稅金、維修保養、保險費，光是拿這四千塊搭計程車都不知坐多少趟了，還不如把買車的錢都拿去投資……

生活中的每一項支出，其價值對每個人來說都有不同意義，我們必須認清自己人生追求的目標、讓自己活得更好，這才重要！

太多人為了事業、為了養家活口，每天過得戰戰兢兢，忘了在自己的生命中留下精彩的篇章，等到了老年才後悔怨嘆，倒不如從現在開始，認真發掘自我，並開創自己的人生。

.第4章.作業練習.

✓ 擁有後會讓你倍感幸福的東西有哪些？

✓ 哪些會讓你的幸福感延續，哪些只是暫時的開心而已？想想為什麼你會需要這些東西？

✓ 金句：It's only with the heart that one can see rightly, what is essential is invisible to the eye.

人生中真正重要的東西，通常是肉眼看不見的 ——《小王子》

Collaboration

"

與人合作，

創造舞台

"

Chapter Five

5.1

嚮往成功的意念能引發改變

模擬成功的自己

若你認為現在的自己沒有足夠的條件去創造美好的家庭、事業，就輕言放棄，夢想未曾開始就會馬上結束。

但如果換個方式，從想像已經成功的自己開始，如果自己已經擁有理想中的事業與家庭，生活會是什麼樣貌？

盡可能的揣摩心中的理想、幻想細節，想像自己會怎麼做、怎麼思考、擁有理想生活的自己是什麼心情，每天過怎樣的生活……

這時的你將不自覺的開始朝目標前進，你會開始蒐集資訊、累積能量、認識新朋友，即使最初一無所有，但你的嚮往將透過意念引發你做出改變，創造更多可能。

當你全心專注在正確的道路上，你會瞬間像是擁有超能力一樣，對特定事物特別敏感，什麼時候該快、什麼時候該慢、什麼時候該轉彎，在你專注的當下，一切就像時間凝結的慢動作一般，你全身的細胞能敏銳的察覺自己的需要。

曾聽人說過，同樣的謊言只要反覆對一個人說一千次、一萬次，最終此人幾乎百分之百都會相信所言。

這就好比藉由意識催眠洗腦，對自己施以這種善意的謊言，可以讓大腦相信自己無所不能並充滿動力，屆時你就真能弄假成真。

友直，友諒，友多聞

如果你朋友圈的友人一天到晚都在分享讀書心得，你相對也會願意多讀書；如果你的朋友都在分享投資或創業消息，則你也會對這方面的資訊擁有更高的敏感度；如果你的朋友大多是高階經理人，會討論跨國企業的管理技巧，我相信你要能跟對方聊得起來，也得具備相應的知識才能與之對話；正所謂「近朱者赤、近墨者黑」，此言不假。

如果你的朋友一天到晚抱怨東、抱怨西，受不了的人就會離開這樣的朋友圈，還待著的人一起抱怨的機會就更大了，因此，稍微檢視一下你身邊的朋友類型，大概也不難知道自己是哪類型的人了。

想想你身邊跟你最聊得來的五個朋友，估算他們的成就的平均值，大概就等於你的成就，正因為價值觀相近，看事情的格局、生活經驗、工作經驗相似，所以聊得來。

現在就列出：

1 與你相處最聊得來的三到五個朋友是誰？

2 他們都是做什麼事業的？財務狀況如何？

3 你的朋友們各自都有哪些特質？

4 你的朋友們最吸引你的地方是什麼？會讓你進步還是退步？

5 你的朋友有哪些特質可以幫助你越來越進步？

以上五點列完之後，可以稍微綜合一下自己的情況，你會發現，你跟身邊聊得來的人相似度會非常高，如果這是你滿意的人生，非常恭喜你！但如果你對此覺得還有改進空間，現在就可以開始有計畫的稍微做出調整。

$ 珊迪兔的案例 $

1. 列出與你相處最聊得來的三到五個朋友是誰？

投資理財顧問平台的創辦人、臺灣女性創業支持暨發展協會理事長、行銷顧問出版公司創辦人、科技人才派遣公司創辦人、我弟阿駿日常、我妹和妹夫英國再生能源公司主管、英國登山嚮導協會攀岩指導員。

2. 他們都是做什麼事業的？財務狀況如何？

大部分是中小企業創辦人，財務狀況年收入／淨利大約在二百到六百萬之間。

3. 你的朋友們各自都有哪些特質？

開創型的人，可以很客觀的分析事情不情緒化、喜歡挑戰新事物，多數是活潑愛玩的個性。

4. 你的朋友們會讓你進步還是退步？

進步，每個人都有狀態不好的時候，但是都能自我察覺並調適得非常快，很少負面情緒。

5. 你的朋友有哪些特質可以幫助你越來越進步？

跟他們講事情都不用擔心被曲解，總是可以聊完天之後有情緒被接住的同理感，互相都會為對方創造合作機會，大方不做作，明事理、善良。

楊定一博士：「自在活出你，活出你本來的樣子。真實的你，是一點也追加不了，也減少不了。最後，一切是剛剛好。你，也是剛剛好。」

你的嚮往將透過意念引發你
做出改變，創造更多可能。

5.2

重新設定自己的信念

你也能創造奇蹟

There can be miracles
When you believe
Though hope is frail, it's hard to kill
Who knows what miracles you can achieve?
When you believe, somehow you will

這是瑪麗亞・凱莉（Mariah Carey）和惠妮・休斯頓（Whitney Elizabeth Houston）在一九九八年為動畫影片《埃及王子》配唱的主題曲。

兩位天籟級女歌手唱出：「只要心存相信，就能創造奇蹟。」

為什麼這個道理我們都懂，卻還是做不到？因為你只懂得道理，懂得跟實際做到之間，還有一段未知的距離。懂是理智層面的理解，而做到必須違反自己原本的習慣，是個成效緩慢且痛苦的過程。

因此，當人們講出：「你說的我都懂。」彷彿認為只要明白了就足夠，其實還差得遠，根本就做不到，會這樣回應，骨子裡真正想傳達的訊息是：「我不想改變。」

理智上雖然知道了這個道理，但內心還是沒有臣服，畢竟人是感性動物。知道抽菸不好、垃圾食物不好、應該要運動、生活要規律、飲食要健康、要理財存錢、該學習進步，但是「感性」卻還是常常戰勝「理性」，使人在理性與感性之間總陷入天人交戰。

誰都希望能家庭幸福、事業成功，無數的專業課程與書籍知識清楚告訴我們該怎麼做，甚至有名人傳記能讓我們參考前人思考的路徑，有所依循；但無論我們從理智面獲知多少知識技能，從書裡面告訴我們多少公式、步驟、SOP，如果這些道理我們不是真心臣服，從信念根本改變，那麼感性的你自然會一直不斷拖延，無法落實執行，最終什麼改變都沒發生。

每次聽到：「我真的很想改變，但是我真的沒有辦法，我……（後面都是困難）」

我通常會回應對方：「沒關係的！現在的你還沒準備好，等你準備好，我會在這等你。」

不自我設限

人一旦將自己給限制住時，所有的事情都無法達成。

我兒子從十個月大開始愛上海洋，一個光著身體的嬰兒自己在海邊爬行，被浪打到還笑嘻嘻的，三歲半時他跟我說想學衝浪，為了讓他擁有更多水中活動的知識與技能，在玩水之餘也能保護自己，在佑佑三歲十個月時，我帶他去上了人生的第一堂游泳課。結果那堂課，他在岸上整整哭了四十分鐘！雖然他一再跟我說他辦不到，每次要學新技能時都會抗拒、甚至爆哭，但在我不斷的鼓勵下，四歲三個月的他已經能不需輔具游超過二公尺了。

如果當時的孩子自我設限而不願嘗試，那麼我相信他到現在還是只有在岸邊哭的份。

理財投資也是如此，曾經在投資市場失利的人會認為：「投資就是風險。」所以寧可存現金，拒絕了解其他投資方式，只要是投資兩個字的他都排斥，如此自我設限……那就什麼事都不會改變……然而我身邊多的是不設限的成功案例。

我有一位同學，學生時代成績極差，在出社會之後唸了台大在職專班，並成了跨國分公司的負責人；我自己則是唸書時數學被當了六個學期，出社會後卻被定位成媽咪理財達人而到處演講。如果當時的我們都因為挫折打擊而自我設限、停留在岸邊哭泣，現在的自己又會是什麼樣子？

盡我最大的努力去達成，即便最後成果只完成百分之七十、甚至百分之五十，我們都已經有很大的突破了。

你的信念如果讓你反覆懷疑自己，那麼你就不可能想方設法的讓自己成功，拖延到最後甚至就無疾而終，反而更驗證了自己會失敗的假設，而這個經驗會更加打擊你的自尊心跟信心，並加深你對自己容易失敗的印象，這將使你下一次出發更加艱難。

如果去認真細究，真正讓自己陷入困境的，其實根本不是外界的阻礙，整個執行過程中阻礙你的，只有你腦海裡那些反覆懷疑自己的聲音，讓你裹足不前罷了。

1 我沒有錢，學投資也沒用。

2 我年紀大了，學不會。

3 不要抱有希望，否則會越發失望。

4 我沒有時間，所以無法工作。

5 這些事情都太難了，我做不來。

是誰告訴你沒有錢就不能學投資？市面上多的是小額投資的工具，何況你認為自己會一輩子沒錢嗎？為什麼年紀大就一定學不會？我八十六歲的外婆，疫情時還用網路直播系統幫馬來西亞及泰國的華人學員上課。所謂沒有時間是真的二十四小時無時無刻都塞滿，而這些事情全部都是必要的嗎？再難的事情都有人成功，為什麼要一開始就看低自己？

如果你認為，這個世界上沒有屬於你的舞台，那麼你大可創造一個舞台，重新定義自己。

相信自己

限制性的信念多半來自我們對自己的看法跟別人對我們的看法。

「我每次都做不好。」

「我就是存不到錢。」

「一定要變成別人喜歡的樣子才值得被愛。」

「我不夠聰明。」

2022/08/17 16:11

這麼想會讓你無法發光。其實信念只是你的價值觀跟想法，並不一定是事實，一旦有這樣的信念，我們就會做出符合這個信念的事情。

舉例來說，當一個人總覺得自己沒能力，找不到好工作，於是在找工作的時候就顯得不夠自信；因為怕被拒絕，因此也不敢挑戰福利好的公司，一直不斷打零工，但打零工無法累積專業知識，因此一直無法深入學習，工作就一直無法穩定下來。

這些行為的背後都反映了一個信念——「我不夠好，好公司不會錄取我」，這個信念最終會創造出符合他信念的情境，到最後年齡越來越大，更難找工作，就真的坐實了「我不夠好，好公司不會錄取我」的想法。

我曾帶著不到四歲的兒子去浮淺，當時兒子說：「我試過了，把臉放進海水裡，我沒有死掉。」這句話雖然天真得可愛，另一方面則是給了我更多勇氣，如果在一切都還沒開始前心中就反覆出現「我做不到」的這個負面信念，那現實就真的很難做到了。

然而真正嘗試過後你會發現「我都還活得好好的，沒有死掉。」無論你心中的信念是正面還是負面，現實都會創造出符合你信念的經驗，而經驗又會讓你更加堅信不移。

想要轉變，從改變信念，勇敢踏出第一步——「不要先自我設限」開始。只要想通這點，就很容易發現自己的限制性信念，設法將它轉換成正面信念吧！

1 找到究竟是什麼原因，會讓我產生負面的感覺？

2 我要怎麼做才能打破限制性信念（改變過去的想法）？

3 如何使這個負面的感覺轉為正面？

你的信念會創造出感受，感受會影響行為，行為會導致事件發生。

我自己剛開始執行信念轉換的時候也發現，過去的失敗經驗或是被背叛的經驗等負面經歷讓我變得不夠勇敢，不相信自己。一個不相信自己能力的人很喜歡用負面的否定句，不只是對自己用否定句，對自己身邊親密的人也很容易使用否定句，讓自己產生信心，我們需要學著把否定句改成肯定句。

肯定句的信念，讓人有力量；否定句的信念，讓人不想努力。

舉個例子：

- 負面：賺錢是很辛苦的，所以賺錢的時候就覺得自己辛苦。

↓正面：賺錢是很快樂的，看到帳戶的餘額又增加時，好開心。

- 負面：我覺得我不夠好，給我機會我第一時間都會害怕。

↓正面：我相信我自己辦得到，有機會我就會努力做到。

$ 重設自己的信念 $

STEP 1：傾聽自己內心的阻礙	1. 我沒有錢，學投資也沒用。 2. 我年紀大了，學不會。 3. 不要抱有希望，否則會越發失望。 4. 我沒有時間，所以無法工作。 5. 這些事情都太難了，我做不來。
STEP 2：找到限制自己的原因	1. 找到究竟是什麼原因，會讓我產生負面的感覺？ 2. 我要怎麼做才能打破限制性信念（改變過去的想法）？ 3. 如何使這個負面的感覺轉為正面？
STEP 3：察覺原因並提問	1. 這件事情是真的嗎？還是只是我給自己的限制？ 2. 為什麼我會有這個信念？ 3. 為什麼我會相信這個信念？ 4. 這個信念阻礙了我什麼？ 5. 我要如何把這個信念轉換成正面信念？
STEP 4：相信自己，轉換信念	肯定句的信念，讓人有力量；否定句的信念，讓人不想努力。 • **負面：賺錢是很辛苦的，所以賺錢的時候就覺得自己辛苦。** →正面：賺錢是很快樂的，看到帳戶的餘額又增加時，好開心。 • **負面：我覺得我不夠好，給我機會我第一時間都會害怕。** →正面：我相信我自己辦得到，有機會我就會努力做到。

當正面信念出現時，負面信念就會慢慢被瓦解。

絕大部分的信念都是其來有自的。小時候長輩說過的話、老師的責備、某位朋友的忠告、媒體灌輸的內容或是曾經的經歷（例如：小時候曾經有過的挫折、父母的否定、新聞反覆報導）；我們對這些事情產生情緒，然後吸收這樣的看法，內化成我們的信念，每個信念都有其來源。

當你覺察到自己的某些信念限制了你時，可以問問自己以下問題：

1 這件事情是真的嗎？還是只是我給自己的限制？
2 為什麼我會有這個信念？
3 為什麼我會相信這個信念？
4 這個信念阻礙了我什麼？
5 我要如何把這個信念轉換成正面信念？

一開始我會自己寫下轉變後的正面信念，甚至將之變成我的手機螢幕顯示畫面或是電腦桌面跟貼紙，例如：「我相信自己辦得到，有機會我就會努力做到。」當機會來臨時看到這句信念，就會有勇氣接下挑戰，只要當下曾付出努力，就算最後因為各種變動因素導致成果不如預期，只要肯去做就會很有收穫，肯定自己的收穫，下次會再次燃起這個信念，一次又一次內化成自己的信念時，最終就不需要輔助工具了。

就像「只要心存相信，就能創造奇蹟」。

把這些新的正面信念，寫大大的字貼在隨處可見的地方，不斷閱讀提醒自己，直到你深信不疑為止。我自己就把「我很有效率、時間跟金錢，一切都會順利」做成貼紙、設定為自己的手機桌面，讓它如影隨形，隨處可見。

寫下轉變後的正面信念，甚至將之變成手機螢幕顯示畫面或是電腦桌面跟貼紙。

當機會來臨時看到這句信念，就會有勇氣接下挑戰。

5.3

貢獻自我的價值

付出不會吃虧

「孩子是跟你姓耶！我每天幫你帶孩子，害我這六年來都沒辦法工作，沒有自己的錢跟自己的生活……」這是律師事務所裡夫妻洽談離婚的對話。

先生是一位服務業的主管，為了養家，每天都加班到很晚，先生自認十分顧家，對太太更是有求必應，眼看著太太在律師面前振振有詞，他忍不住閉上雙眼……

先生把時間都給了工作，夫妻倆卻再沒有愛的感覺，分開是在所難免；除了原本屬於夫妻共有的財產外，妻子額外跟先生索賠了數百萬做為這些年無薪照顧小孩的補償，外加每個月高額的贍養費，為了不想讓孩子覺得被媽媽拋棄而難受，先生接受了所有的條件，默默的看著太太跟新男朋友一起離去。

得知這個案例我不禁感嘆，明明孩子是自己跟先生兩個人愛的結晶，為什麼是「幫」先生帶孩子呢？照顧自己的孩子還需要保母費？為什麼在對孩子的愛當中穿插了利益？這樣真的是愛孩子嗎？

當我們認為自己的付出都應有回報，而付出的回饋與期待有落差時，就會覺得自己委屈了、犧牲了，因此開始計較，計較誰做得多、誰做得少。夫妻彼此爭執著，其實是責任認知偏誤，因為希望自己被肯定，而放大自身貢獻，縮小對方的付出，才會產生爭執。

如果你認為自己現在的付出是犧牲，當初為何不為自己爭取而選擇犧牲，不就是為了自己心愛的孩子與另一半嗎？當初做出這樣的決定初衷是什麼？

找出自己最初決定背後的價值，凡付出的必有收穫，全職媽媽贏得的是與孩子相處的寶貴時光，孩子來到這世上的每個第一次都有你陪伴，這也是無價的，當我們為自己的犧牲忿忿不平時，想想自己的初衷吧！

心念決定了成敗

以往我常參與工商聚會、業務交流場合，大家交換名片、相互之間非常熱絡，但很多人總帶著有色眼鏡看人，上下打量對方的穿著配件，猜想對方收入高低，言談中少不了彰顯自己，打探對方有什麼資源，能否從中獲利，同時評估對方值不值得繼續聯繫，付出能否得到回報。

多年前我曾在一場行銷課堂上認識一位業務姊姊，她的年齡稍長我四到五歲，表現非常積極，當時的我還不滿三十歲，三十出頭的她，有兩個孩子仍舊亮麗，由於課程結束後沒機會再見，我蠻想認識個性積極的她，便主動聯繫，她留下一句讓我印象深刻的話：

「我的時間非常有限，現在我只跟階層高、對我有幫助的人吃飯。」

聽到這話的當下我其實蠻訝異的，居然有人說話如此不加掩飾，我知道當時的她認為我沒有往來認識的價值，我也願意相信她的壓力大到必須這麼有效的運用時間……但我相信，現在的我有足夠的資格可以跟她一起吃頓飯，可惜我們早已斷了聯繫。

當我們付出時間、精神、資源去幫助別人時，如果總是預先期待回報，現實往往難以如願。

如果你能發揮個人的影響力，把美好帶給他人，讓人改變一生，豈不美哉？給予對方金錢或許能使他暫時得到滿足，但如果能改變一個人的觀念，影響卻是一輩子。

我深信：「心之所向就會展現為外在價值。」

如果你一心只想從別人身上獲得不屬於自己的好處，對方一定能看得出來。你永遠不知道今天播下的善種子什麼時候會開花，有可能是二十年前幫助的青少年，來日出現幫助了你，播種跟開花本不在同一時節，唯有不計較付出才能成就卓越。

我們無須急於向外證明自己的善良，路遙知馬力，日久見人心。

當我們賺的是正當的錢，自然

有人受到幫助會願意回饋。當然我們必須認清的現實是：「大部分的人拿了好處是不會主動回頭說謝謝的，甚至有可能曲解你的善意，但只要我們行得正，就不用害怕被誤會。」凡是真能改善別人生活所賺來的錢，那就是「正財」；但若賺的錢是剝奪別人的利益，甚至危害公眾安全，那就是所謂的「負面財富」，這樣的黑心錢賺不得，在帶給別人傷害之餘，長久下來也只會給自己帶來災難。

為了建構 MomPower 媽媽商學院，我們架設課程平台、建立官網，請了兩個兼職員工，還需要美術設計跟社群管理以及課務管理等人力，我們堅持合法經營，開立發票、繳納稅金，同時須計入會計費、金流費等營運成本，加上我們訂定輕度收費的策略，希望讓大家都有能力負擔學習，期望能造福更多媽咪。

同樣的成本，輕度收費就必須採規模化的方式。假設平台成本一個月五萬，還必須計算稅金等規費，若販售五百元的課程，每個月需要有一百五十個學員才能財務平衡不虧錢；相較於經營一套高單價的教練課程，只需收一個學員就能損益平衡，不需額外人力維運，更無須團隊溝通，個人收費不用成立公司開發票，營運難度高下立判。

因此現在市面上出現了很多高價課程的教練，收費都是五萬到十萬不等，服務的人數不用多，但收入可以很高；如果採用這樣的商業模式，我大可以打著諮詢的名號開高價，一個月最多收兩個學員，再把賺來的錢拿去投資做被動現金流，就能最快獲得現金，累積資產。

但是我跟我的夥伴卻選擇了一條難走的路，我們架設系統、做了課程培訓、流程培訓媽咪理財規劃師，開設媽咪非讀學學習支持專案，每個月兩次免費直播課程讓大家學習。

至於培訓通過的規劃師，我們也幫忙想職業出路，為的就是想讓大家能夠一起獲利，創造出生態圈。

因此，我們願意支付公司前期的建制費用，這是因為我們有一個理想：「想要改變媽咪們的職業生態，做出一個平台，讓大家一起好，讓更多媽媽都可以走出自己的路。」

對我來說，這樣的商業模式是具有無上價值的，賺有意義的錢，人生會更美好。

我的初衷是希望大家財務安全、心靈自由，鴨子划水般的苦口婆心做基礎觀念宣導，默默的也這樣努力兩年了。因為想要獲得幸福感，最重要的是能使學員感受到自己擁有的幸福。

我雖然很希望大家都來我的平台上付費上課，畢竟營收是公司維持營運的基石，但我相信，如果機緣未到就不能勉強，希望學員在我們的免費資源跟友善的社群氛圍下，學習久了並有所收穫後，真心願意掏出荷包來做進階學習的時候，我種下的付出種子就開花了。

坦白說，這個溝通的過程相當的辛苦漫長，需要身為創辦人的我們財務狀況良好，前期才能撐得下去，以商業營運模式而言，這還真是需要點傻勁才能做到。

但我相信一旦成功了，不但能透過良善的循環把價值帶給大家，也能讓更多的媽咪們從平台的培訓中賺到錢，這就是影響力的真價值。

能改善別人生活所賺來的錢，就是「正財」。

賺有意義的錢，人生會更美好。

自律能力

5.4

有自律就無所不能

曾經在一次演講場合中，我講到目標執行的議題時台下提問：「老師，你用說的都很簡單，做起來根本超難的。」

當時我問他：「你為什麼還沒開始就認為自己做不到？」

還沒有開始努力就畫地自限的告訴自己「不可能成功」，那可能是過往不成功的經驗帶給你的陰影，我們必須要用新的成功經驗去讓自己重新相信自己。

實際嘗試了但真的做不到，跟一開始就認為自己做不到是完全不同的兩件事情。

我曾經採訪過帕運選手楊川輝，他是一位全盲的田徑選手，七歲的時候，眼前的世界突然變得黑暗，沒有醫生知道他為什麼會突然完全看不見了。

但是，黑暗沒有遮蔽他的光芒，即便身為一個全盲的選手，僅僅能依靠教練的拍手聲判斷衝刺方向以及起跳時機，川輝的家人與朋友、教練更是一路鼓勵著他參賽。二〇一六年研究所畢業之際，川輝準備結婚，身為一位全盲者即將要娶老婆，希望經濟上能穩定，別讓丈人、丈母娘擔心，於是開始經營視障運動按摩工作室。

由於川輝非常了解運動選手的需求，也利用自己的按摩工作室粉絲團來推廣身心障礙運動，教導顧客放鬆、以及運動放鬆指導訓練，他不但兼顧學習取得碩士學位，更是多次在國際帕運比賽上得獎，是一位運動員、一位爸爸、一位創業家。川輝心裡擁有很多的感恩，他總覺得自己幸運遇到很多貴人，但在我看來，川輝本身就是一

珊迪兔訪帕運選手川輝

https://tinyurl.com/3rh3bsd6

個相當自律且樂觀的人，很多人看見他的堅持，於是願意伸出手。

「自律」是執行力的一環，而且絕對是成敗的關鍵。如果你有一個很棒的減肥計畫，但是根本不自律，都沒照計畫執行；或是有一個很棒的商業企劃，卻每天無法克制自己不偷懶；你想要透過學習精進自己，但還是追劇時間大於學習時間；你想好好的梳理自己的人際關係，但總是最後一口氣吞不下去，硬是要出口傷人……

管不好自己的想法就管不好自己的行為，那麼所有想法都無法實現，也別肖想了；管不好自己的語言就說不出能讓人接受的話，說了也是白說。

花錢不自制、吃東西不節制，無法控制自己不抽煙、喝酒、熬夜，無法控制自己的脾氣，這樣的人就算作出規劃也不會去執行，一個沒有自制力的人，終將失去一切。

我認為，時間對所有人來說都是稀缺資源，每個人每天都擁有二十四小時，但是有些人用同樣的時間活出了精彩的人生，有些人對自己每天做的事連「為什麼」都搞不清楚，更不要說目標了。

所以，與其羨慕別人的姣好身材及精彩生活，倒不如現在就開始停止毫無意義的耗費生命，我並不鼓勵一年三百六十五天都過得非常嚴謹、無法喘息，而是鼓勵你試著去喜歡、享受自己做的事情，因為做這些事情能讓你感到開心，所以

能持續做下去，真的太痛苦的事情也別為難自己，像我自己飲食控制的目的只是希望體脂肪降下來，從沒要求過自己要變成模特兒身材。

自律本身就是需要強迫養成的習慣，才不會總是被誘惑，知道自律難以達成後，我們就必須稍微幫自己推一把，我自己的方法是「用一件我在意的事，去搭配一件我需要養成的習慣」一起執行，然後等一段時間過後習慣了，就能比較輕易達到自己想要的成果。

養成我自己持續創作習慣的動力就是我的 Podcast 頻道，因為我知道固定每集都會有幾萬人收聽，因此我就算是生病或是出去玩，也沒有停止更新過，因為我知道有人在等我；我弟弟因為想讓自己早起，因此認領了每天送我兒子去上學的工作；我的合夥人 Laura 更是因為要強迫自己自律不偷懶，於是每天約員工開晨會。

而我希望自己每天不要太晚開始工作，於是只要有人約我開會，我都會第一時間回應：「你最早可以幾點？」如果你是很有責任感或是很喜歡成就感的人，這種方式就非常適合你。

找教練也是一個不錯的方式，我們社群就有記帳陪跑的教練服務，引導理財小白們走過理財最繁雜的那一段路，教練會一直給予階段性任務，並鼓勵你不要放棄，至於其他的運動教練、營養師、創業陪跑教練等等，也是可以協助你養成某些自律習慣的好夥伴。

如果你喜歡與人交流，就可以利用群體的力量完成任務，參加飲食控制的社群、運動社群，理財社群等等可以互相督促激勵前進，跟教練引導比較不同的是：「教練可以給予方法及引導，而參加社群則是認識一大群喜好相同的朋友，集思廣益的分享適合自己的執行方式。」

自律是一件非常值得敬佩的事，除了在行為上積極之外，更是內心成熟的表現。

幾乎所有成功的學者、企業家、音樂家、作家、科學家，探險家、每一個活出自己期待的人都擁有這樣的特質。

當我們因為自律而得到甜美的果實時，內心會異常平靜、異常感恩，這是一種很舒服的平衡狀態，你會不自覺被這樣異常美好的感受吸引住，自然而然的愛上自律的自己，從此以後那些「應該要做好的事情」就不再是件苦差事了。

現在就開始停止毫無意義的耗費生命，試著去喜歡、享受自己做的事情。

自律是一件非常值得敬佩的事，除了在行為上積極之外，更是內心成熟的表現。

5.5

拓展人脈廣度的三個方法

別讓演算法騙了你

這時代的網路演算法，總不斷推播你有興趣的話題給你，形成一種讓你以為多數人的看法好像都跟自己一致的錯覺，使人容易誤判局勢。美國有一個社會案例，一位準媽媽 Jessi 從自己發現懷孕之後就開始上網搜尋資料，最後選擇「非醫療介入——自己在家生產」，希望回歸人類本能，以最天然的方式迎接孩子，期盼孩子一出生就在一個有溫度的世界，而不是冷冰冰的醫院。

這時候 Jessi 發現了一個跟她一樣崇尚天然迎接孩子的媽媽社群，在這個社團裡她幾乎都能找到自己想要的答案，加上演算法的關係，Jessi 被天然生產的訊息、課程、部落格重重包圍，人人的觀點都幾乎都與她相同，於是 Jessi 越來越堅信自己的信念。

一直到接近產期，Jessi 突然發現腹中的寶寶似乎沒有之前活躍，擔心害怕的她，上社群詢問媽咪們的經驗，熱心的媽媽們安慰著她，告訴她持續在水中按摩，聽音樂放鬆心情。

「沒事的，這是正常的。」

大家的安慰讓 Jessi 保持信心等待孩子的到來，但是隨著陣痛的加劇，各種身體的不適卻使 Jessi 越來越擔心，最終還是決定就醫，沒想到一到醫院卻傷心的發現，胎兒因為吸入大量的羊水跟胎便，早已沒有了心跳。

同溫層是一個封閉性的一言堂，會使有相同觀念的人不容易再接受其他建議，而誤以為多數人跟自己是一樣的想法，其實這也是所謂吸引力法則的一種。

同溫層厚度剛剛好就好，別厚到看不見隔壁

同溫層能夠給人們需要的肯定，也會讓人在社交中感覺到輕鬆自在，理念相近的人相互鼓勵、給予彼此信心與肯定，剛剛好的同溫層是有必要的。但是我們也需要不時探出頭去看看隔壁，畢竟同溫層裡的訊息並不是世界的全貌，只認同單一同溫層很容易認知失調。

我們在同溫層中得到力量之後，也應該要跳脫出同溫層，看看這個世界的其他想法和立場，才能適時調整自己，不能只接受立場相近的人所提出的觀點，透過檢視自己的人脈圈都在討論些什麼議題，這些討論議題是客觀的嗎？是成長型的議題嗎？來檢視現處同溫層的品質。

有蠻多上班族朋友往來頻繁的對象都只有自己的同事，這些人你跟他相處起來很舒適，因為都屬於同溫層，有時候一起抱怨社會、抱怨老闆、抱怨制度、抱怨政府，回到家就是追劇、打電動、唱歌、吃高級餐廳……我就有一個前同事深深認為工作好辛苦，週末一定要吃一餐好的犒賞自己，每個週末光是一餐就花掉八個小時工時的收入。

以月薪三萬八計算，除以三十等於一千兩百六十六點六六，一餐吃一千多塊錢，就等於工作一整天只能換一餐。

其實這也無可厚非，我也會追劇，也會去吃好餐廳！但我認為無論是金錢或時間，都必須有效分配，一個人身邊同溫層的朋友若是缺乏學習動力，長此以往自己就容易誤判這是社會的常態，而失去認識一些生活積極友人的動力，所吸收到的觀念就會停留在原地，一次又一次的讓人們越來越深信不疑，最後變得無法接收不同意見的客觀資訊。

我的 Podcast 節目裡常常訪問來賓，因為談論的多半是理財議題，難免遇到同一個問題會有觀念衝突的解法，因此曾有來賓這麼問我：「需不需要事先跟你稍微對焦一下，免得我講出來的內容與你傳遞的價值觀不同？」

這時我都會回應：「我的節目歡迎多元的價值觀，我也常常跟聽眾溝通，不要去執著於定論，而是要去想，來賓得到這個結論的思考過程是什麼？」

我認為世界上有對錯的事情很少，基本上百分之九十的事情都有討論空間，懂得去理解別人的價值觀，也就同時擴大了自己認知的舒適圈了。

擴張同溫層很需要勇氣，首先你必須成為一個可以自我肯定的人，自信心不足的人就很難跟不同觀點的人相處，自卑的人往往比較敏感，有時明明是很中立的議題，只是個人見解不同，但自信心不足的人很容易因為感到被否定就產生自我防衛，開始跟對方爭對錯。

但其實，感到不舒服只是因為還不習慣多元想法。我們必須放下對錯，放下比較的想法，開放的去欣賞別人不同的觀點，誠摯的去欣賞對方，千萬別因為看法不同，就開始築起立場的堡壘，噤聲對立。

擴張同溫層

第一步：包容多元觀點

相信所有事情都是中立的，意見不同是一種互補，對方有可能會想到自己沒

想到的層面，這一點可以透過多看辯論賽得到很多啟發。雙方深化問題討論，發現不同觀點與多元包容的精神，可以啟發更多理性思考。意見不同不代表否定，放下執著，把心打開，才能發現更多機會，一旦有了這樣的決心，我們就準備好開始去認識更多朋友，準備去擴張自己的同溫層囉！

第二步：跟久沒聯絡的朋友聊聊天吧

老朋友們最近都好嗎？發展得如何了？從原有的朋友去接觸比刻意去認識人容易得多，多年沒見的老朋友們，在不同的專業領域都可能是個寶庫，私訊跟他們聊一聊，再從中找出聊起來特別有收穫、特別愉快的朋友約出來碰面吧！或許你們能產生互相支持的機會，至於那些負能量爆表的朋友，就等同學會再聚吧！

第三步：參加社團認識不同的人

這裡指的社團並非商業社團，而是一些跟工作無關的團體，比如參加運動社群、攝影社、讀書會或是興趣學習，都是很棒的方法。因為在這些休閒類型的社團中，我們得以用輕鬆的心情無利害關係的認識朋友，這些朋友聚在一起的目的無關工作，自然也不用看名片，沒有身分跟階級之分，交友互動更為單純，能輕鬆認識更多領域的朋友，讓自己擴增人脈廣度。

如果你不知道要去哪裡認識人，最好的點子的就是去進修學習，這樣你至少會認識一群有意識想進步成長的好學者。

第四步：在團體中先付出

在你喜歡的團體中優先不斷的付出，不要求回報的助人，多多分享，不但會給人深刻的印象，且一旦在對方心裡留下了好印象，在你需要幫助時，那顆善種子就會發芽！在付出的過程中記得彼此的好，在關鍵時刻才會起作用、才能展現價值。

切忌：一天到晚約吃飯、攀關係，纏著對方。

我們甚至常聽聞有人炫耀跟某某名人很熟，有他的FB或LINE，這充其量只是在拿別人的聲望想墊高自己的價值。其實人脈圈擴張的重點不在你認識了什麼人，而是你們雙方之間有沒有信任度？臨時要約對方出來喝茶聊天，約得到嗎？萬一哪天你需要幫助，對方願不願意為你伸出援手？僅僅只是認識而已，那層微弱的關係並不值得炫耀，也不代表你的個人價值。

第五步：培養自己的能力

當自己還沒有能力提供價值與人交換時，別人有需求不會想到你。在一起只是吃喝玩樂的朋友，雖然習於跟你交流生活，但在你需要特定幫助時，這些朋友可能因專業領域不同，而無法提供你所需要的協助。唯有讓視野更寬廣，提升自己的可利用價值，才有辦法自然的與人互惠交流。

年輕的時候多交些朋友，見多識廣，自然有能力判斷人脈的品質。人到了一定年齡，人際關係的品質比數量重要得多。

這時我們更要懂得經營關係，分辨哪些人值得信賴深交，哪些人只需商務往來，面對會消耗自己能量的損友，則需要減少往來……若能培養出單純、善於接納的交友圈，這樣的同溫層就非常健康。

雖然有人覺得，在同溫層內交流仍是種封閉行為，但其實大部分的人只要能生活在厚薄度適中的正向同溫層裡，享受與同好交流的愉悅，退休後能這麼開心的活著，也是件美事。

．第5章．作業練習．

✓ 我有哪些能力是有價值的，可以幫助別人的？

✓ 我最想培養哪些能力為自己的人生加分？

✓ 金句：唯有你的能力能為別人解決問題時，才真正成為一個有價值的人。

Sustainability

"

突破限制，
永續學習

"

www.sandytwo.com

Chapter Six

6.1 舒適圈不是拿來跨越的

逐步放大舒適圈

我認為舒適圈不是拿來跨越的，而是透過一次又一次的嘗試，慢慢的把舒適圈像漣漪般越放越大，你不需要追求一蹴可幾的直接跨出舒適圈，成為一個全新的自己，你還是你；只需要堅持每次進步一點，假以時日，你一樣可以成就更好的自己。

不知道大家有沒有聽過「跳蚤實驗」？小小的跳蚤本身的跳躍力是自己身高的一百倍，儼然是生物界的跳高高手，然而科學家試著將這些跳高高手們倒蓋到玻璃杯裡，當跳蚤們發現每次跳躍都會撞到玻璃天花板，便逐次調整了自己彈跳的高度，接著科學家再次把跳蚤換到高度更低的罐子裡，跳蚤又再度改變了彈跳的高度以適應環境的變化，經過反覆幾次的高度調整後，最終跳蚤已經徹底放棄，這時當科學家將玻璃罐完全移開，跳蚤卻已經再也跳不高，也不願意跳高了。

很多時候，我們會以「不經一事，不長一智」自我安慰，卻在屢屢被主管潑冷水後，就不願再為公司出主意；讀書時被老師打擊信心，就直接放棄該科目；遭另一半冷落之後，就不肯再主動示好展現熱情溫度……這些看似是我們因應環境而調整了自己的態度，其實是輕言放棄，表面上滿不在乎的拒絕傷害，實際上卻也限制了自己，使生活過得越來越失落、越沒意義，然而，那些打擊你的人卻幾乎毫髮無傷，一點也不受影響。

有些人面對挫折仍願意挑戰自我，但更多的人就算仍想努力，卻給自己設了很多無形的框架，經過幾次挫敗就行為消極，自我限制，不願再接受挑戰。實際上，這個極限（罐子）並不存在。若我們像跳蚤一樣，將自己的思想設限，以無形的框架限制了自己的發揮空間，那就更別提付諸行動了，結果一天到晚東忙西忙，終其一生卻無所作為。

我非常感謝小學課後輔導班的老師「謝媽媽」，在我小學畢業時送了一套三本劉墉老師的書《超越自己》、《創造自己》、《肯定自己》給我，這套書講的是劉墉老師的兒子劉軒，考入美國著名的史岱文森高中的第一年，他將寫給

孩子的一系列信件集結成書，引導孩子面對順境、逆境以及挑戰，如何選擇方向，決定自己是誰，肯定自我的優缺點，並創造個人價值，這給了當時剛畢業即將升國一的我非常多的智慧跟信心。

人生就是要不斷的超越自己、肯定自己、創造自己，而最重要的一個環節就是——不斷擴大自己的舒適圈。

年輕就是本錢

每次被問到：「年輕人出社會之後應該如何理財？」我總會回應，如果父母尚未退休或有自己的退休規劃，年輕人應該先學會如何分配自己的金錢，把錢花得有價值，然後盡量花時間在「學習」跟「旅行」以及「嘗試」上。

年輕就是本錢，你有大把的時間去驗證、碰壁、調整，你可以慢慢學習，大量的嘗試吸收，學著對於任何事提出自己的見解跟看法，培養多層次深入探索思考的習慣，這有助於往後你在進行任何判斷時，都能有深層的理解跟認識。

但如果你已經有點年紀，我倒是贊成花錢買別人的智慧跟整理好的知識，這會是最快的方式。貪圖免費，自己橫衝直撞，有時真會耽誤到大把的時間走冤枉路，成本更高。

我自己錄製的線上理財課程，當初花了三年的時間驗證，不適合家庭的、沒效率的方式都被我踢除了，最終我將心得規劃製作為線上課程，只賣兩千多元，如果你打算自己花三年的時間去找方法，找得到的資訊雖是免費的，但還沒學會理財前，浪費掉的金錢就不止這兩、三千元。

更何況人生是不斷在變動的過程，一輩子用得到的技能唯有自己學起來，才能不依靠他人，能隨時按照自己的需求調整。

對我來說，理財是基本能力，能用一輩子，值得花時間花錢學習。如果你年紀還輕，有本錢自己花時間走過探索的歷程，那也很棒，這些歷程的隱形成本不低，但卻能培養出自己的分析和整合能力，依舊是值得的。

很幸運的，在我三十歲之前，就走過二十八個國家。每次的旅行都能開拓我的眼界，產生新的想法、打破框架，讓人生更寬廣。這裡所說的旅行並不是渡假享受的那種旅遊，而是體驗不同文化過程的旅行。有時環境不見得舒適，三餐不見得享受，可能會流汗、滿臉油光，需要自己駕車，甚至走很遠的路。然而，旅行的價值並不等於你花費的金錢，甚至錢花得越少，可能得到的收穫越多。

雖然當時的我遊歷了很多國家，但學生時代的我，開銷大部分來自父母，基本生活所需該有的都有，然而我父母不寵小孩，想額外去玩就得「自己想辦法」。因此，我在美國當過幫忙接送小孩上下學的陪讀保姆，也在飲料店打工，還跟美國代理商小量批貨美國品牌的太陽眼鏡，上網賣回台灣，設法自行籌措旅遊基

▼當年從加州到佛州的旅遊自駕路線。

金。

畢業那年，父親要我把車運去佛羅里達州送給我滿十六歲的表弟當禮物（美國十六歲就可以開車），運費的價格我算了算大約是一千多塊美金，如果換成是我找兩個朋友跟我輪流自駕將車送達，沿路遊玩再搭飛機返回加州，油錢費用也差不了太多，唯獨住宿等其他開銷就得自己想辦法……於是在徵得我母親的同意後，瞞著父親，開始了我二十一天的駕車旅行。

圖中顯示的是我當時的旅行路線，還記得途中因為剛好是棒球賽季，為了看球賽我們變更過幾次路線，實際旅程花了我們超過二十一天！當年沒有智慧型手機，每張地圖都要印出來，還得要放一本大大的全美地圖在後車廂隨時翻找。

我還買了美國的「美國國家公園年票 National Parks & Federal Recreational Lands Pass」，讓我們隨時可以在國家公園停下來看風景，不但停車免費，甚至有些連門票都優惠免費。穿越了攝氏將近五十度的死亡谷國家公園，爬進佈滿鐘乳石的世界最大天然石灰岩洞，橫跨猶如巨人般的高樓仙人掌林，穿越如雪一樣白皙的新墨西哥州白沙漠，在半山腰的森林裡追著鹿跑……到了爵士音樂的發源地紐奧良，在密西西比河岸住了三天，還一路將車開到美國最南端的 key west 小島；途中遇到棒球賽季，我們順便沿途一路觀賽。

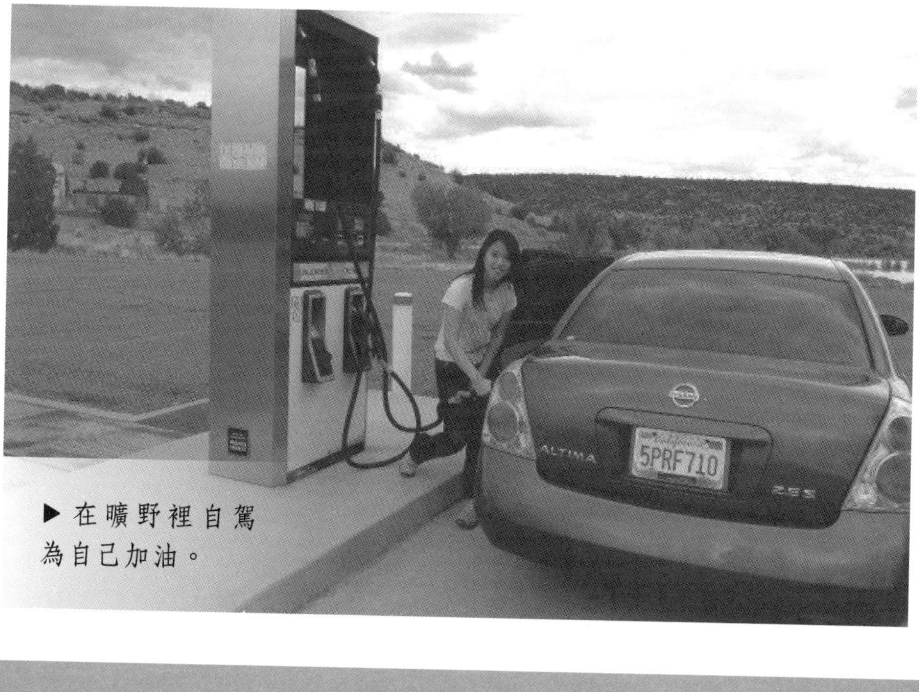

▶在曠野裡自駕為自己加油。

除了某些我們特別想吃的餐廳外，我們準備了乾糧、冰桶、足夠多的泡麵，一床棉被跟一顆枕頭，累了可以在車後座睡覺；女孩子出遊晚上睡車上不安全，晚上還是得住旅館，我們選擇 Motel6、Super8、Holiday Inn 等便宜的連鎖旅館；結束旅程的最後，我再把這張國家公園年票上 e-Bay 賣掉。這是一趟我此生最難忘的旅行，也是趟收穫滿滿的旅行；結算下來，我大約花了一千兩百元美金的旅費就把這趟旅行搞定。

到歐洲跟其他東南亞國家旅遊，我走的差不多也是這種半自助路線，我用雙腳走過巴黎香榭大道、在英國諾丁漢被搶劫、在路易

▶在美國最南端的 key west 小島留影。

斯安那州塞在磅礡大雨、視線霧茫茫的高速公路上無法換手，連續開了九小時車，在新墨西哥州被邊境警察扣留、在韓國吃泡菜吃到腸胃炎狂吐、在泰國坐人妖大腿，因為想搭便宜班機睡在日本機場，也在倫敦看音樂劇、到 Walt Disney Concert Hall 附近最高級的餐廳用餐。

當時父親鼓勵我，每一種社會階層的世界都去看看，任何社會階層都有其存在的智慧與價值，體驗不同生活，觀察旁邊的人談論的議題、言行與氛圍；從旅行中印證自己的學習與發現，比較從電視上看到的和在當地實際體驗的差異。

這是一種深層的探索，印證這個世界的各種風情、觀察文化差異、親自交流發現驚喜，拓展自己的世界。當我看過太陽馬戲團的劇場演出才會發現：「原來現代文化藝術表演可以做到這樣的程度！」在世界頂級的高檔餐廳用餐才理解：「原來服務可以做到如此細膩入微。」到印尼旅行發現婦女們的生活小智慧、和敘利亞難民婦女交流發現人的韌性無極限。

你可曾體驗過極度乾燥的天氣下皮膚乾裂，換什麼品牌乳液擦都沒用？在氣溫零下時手指凍到無法彎曲，還得搭公車回住處；太陽炙曬到踏出門皮膚就痛，氣溫高到嚇人，所有的防曬乳、礦泉水包裝都軟掉，當地人卻告訴你車子開冷氣引擎會過熱，請你關冷氣開窗戶；高緯度地區的冬夏晝夜差異：直到晚上十點天還不黑，或者明明才下午，天空暗得跟半夜一樣；第一次聽到冰雹撞擊自己車頂的巨大聲響；在山區小鎮忽然下雪，在沒有雪鏈的情況下衝下山，全車屏息不敢

吵司機……面對旅行中的種種親身經歷，我們真的會從中發現意外的禮物。

旅行是一種體驗，一種願意放下固有框架去了解世界的過程。有時候是冒險，有時候是享受；但當我們踏上不同的土地，感受到強烈的文化差異後，固有思想框架就自然而然一次一次被打破，看事情的格局和視野也就因此擴大，而更能包容多元文化差異下的人、事、物。

這種身體跨越認知的交流所帶來的智慧，讓旅行成為一種跳脫。是使我們能在固有的生活圈外看自己的一種充電休息，看見自己也能創造奇蹟，一次又一次擴大自己的舒適圈，認知範圍也會加大；當認知中理所當然的事情變少了，自然不容易感到委屈，挫折忍受度也會變高。

有時我們會在旅行的當下找到感動與幸福，有時會找到眼前的視覺享受、味蕾的驚喜（有時是驚嚇），旅行中的意外其實是常態，當身心都很疲憊，你可以視為是一種磨難，也可以當成是一種享受，是心靈的享受、視覺的享受、味覺的享受……

如果沒有辦法出國到處走走，那麼至少不要關在家裡紙上談兵，去露營、去海邊、去不同城市，參加活動、共學團，讓自己認識不同溫層的人、不同生活方式跟想法的人，都能讓自己變得更善解人意、更包容、更溫暖、更知足快樂。

當動力喪失

目標能否達成不會像我們設定目標時這麼順利，尤其是帶著孩子工作的家長，每天根本就是在上演狀況劇，總感覺設定好的目標遙遙無期，會有一種「不知道盡頭在哪？自己到得了嗎？怎麼還這麼遠？」的感覺，但明明已投入了這麼多心思和時間，又不捨得放棄。

就拿我寫這本書為例，這本書從我上一本《家計力》出版後不久，就確認好書名跟內容走向，本來說好八個月內要完成，沒想到遇上疫情爆發，幼稚園三天兩頭放假，甚至全家染疫直接放了將近四個月的暑假，因此我根本沒什麼時間分配在寫書這件「重要但不緊急」的事情上，只能每天把握五點到七點的早起時間，寫一點是一點，七點孩子一醒，又天天忙得團團轉；我自己都覺得：「好沒效率，怎麼進度這麼慢？」一度邊寫邊懷疑，真的寫得完嗎？

在這些很想放棄的時刻，我常會做幾件事情鼓勵自己持續前進。

1 尋找初衷。我出這本書是想要達成什麼目標？

我知道看過這本書的人會更願意相信自己的價值，找到讓自己變得更好的方法，甚至有可能會幫助到覺得無助的人，擴大自身的影響力也是給自己再一次提

醒，堅定自己的信念。

2 想想完成之後能達到的成就感

我身為兒子的榜樣，未來透過這本書，他會明白媽媽的相信與堅持、身教和態度，如果連我自己遇到任何事都先放棄，什麼事都一副困難重重未戰先敗的態度，我就沒有資格教他接受挑戰、鼓勵他想盡辦法克服困難。我知道當我完成一個里程碑時，我的孩子跟家人會以我為榮。

3 回頭看看自己走多遠了

緩慢且持續的做，其實效果真的很驚人，當我們的產出累積到一定程度、看得見之後，連自己都會被自己驚艷：「這真的是我做的嗎？」

有些事情傻傻的做就會有成果，就跟養小孩一樣，在成長過程中，每天都付出一點，孩子就這樣會爬了、會走了、會跑了、會騎車了，越來越獨立了。

理財也是如此，養成一個好習慣之後默默的做，存錢、存股、存EFT、存不動產也是如此，從一個月三千開始存、熟悉有效用錢的方式，再提高每個月的存款金額，五千、一萬，當時間一點一滴過去，就會累積出第一個五十萬、一百萬、一百五十萬、兩百萬，接著就是第一個五百萬。

讀書也是一樣，一天一兩個章節，一年也能讀好幾本書；只要能持續努力的做，等到某天發現，自己早已過五關、斬六將的默默完成了很多事情。請告訴自己：「要放棄還太早，現在再多堅持一點，就距離目標更近一些了。」

你的孩子是否也常常哭著告訴你某件事情好難，想要放棄？回想起我兒子每次開啟嘗試新的事物也是如此。「媽媽覺得你超棒的，我們今天試試看就好，媽媽以前也常常覺得害怕就會想哭，你可以哭沒關係，我陪你，但是我們還是要一起試一次好嗎？媽媽一定會一直陪著你。」透過堅持學習也同樣能為

$ 擴大你的舒適圈 $

你不需要離開原本的舒適圈，你需要的是一個越來越大的圈子。

孩子累積自信與成就感，同樣也能為身為大人的我們累積自信與成就感。

在孩子的生命中，每天都有新鮮事，他們天天都在擴張自己的舒適圈。孩子來到這個世界上，原本的舒適圈很小，需要不斷擴大，看著孩子願意接受新事物、接受新挑戰，願意勇敢突破自己，一步一步成長，當父母親的也覺得好驕傲。

人生每個階段都有不同的挑戰要完成，小孩有，成年人也有。當自己缺乏動力時，我們總會基於某些原因，渴望改變、逃避痛苦、累積成就感，甚至是因個人的社會價值有了變化而開始追求不同的貢獻；想一想自己為何而做，就算速度慢也沒關係，保持運動家的精神，完賽比贏得冠軍更重要。

改變，從心出發

讓自己跟隨內心所相信的價值觀做出改變。

意圖改變的精髓不在行動，而在認同，關鍵在於——讓自己「成為」你想成為的人。在《原子習慣》這本書裡曾提到身分認同，當中舉了一個例子，我覺得非常貼切。

一個正在戒菸的人，當人們遞給他一根香菸時，他可能有兩種回答。

1 謝謝你，我正在戒煙。

2 謝謝你，我不抽煙。

上述這兩者的差別在於對自己的認定。

前者認定自己還是個吸菸者，正在嘗試戒菸，在自我的認定上還是認為自己是個吸菸者。

後者則是已經認定自己不會再抽煙了。就是這一點點微小的差異，會讓自己從行為上產生截然不同的差異。

如果只是表面遵從，而內心卻未真正認同的事，想百分之百做到真的很難；這就說明了為什麼同樣是需要高度自律的「理財」跟「運動」這兩件事，由於我自己在心態上對兩者的定位完全不同，所以才會一天到晚嚷著要運動卻都沒做到，因為基本上我就不覺得自己是個喜歡運動的人。

我認定自己是個不喜歡運動的人，那將使我合理化自己的懶散而不去改變，沒時間運動就成了我的最佳藉口。

以往我們都會聽信：「想成為怎麼樣的人，就以此設定目標，去做符合這些條件的人會做的事，慢慢的自己就真的會漸漸變成那樣。」確實，從外在行為模仿也是目標設定的一種方式，但是當自己內心沒有真正認同時，想要養成新習慣就必須仰賴意志力。

$ 賦予自己 全新的內心設定 $

我覺得我是……	我想成為……	我的新身分
我很不愛喝水	我想養成喝水習慣	我是一個愛喝水的人
我很粗心	我想變細心	我是一個注意細節的人

制定一個計畫↓認真執行計畫↓
為對抗自己的舊習性而感到痛苦↓
失去熱情↓放棄計畫

從一開始滿腔熱血的勸勉自己遵照計畫執行，卻終究無法養成習慣，試了一小段時間之後放棄，等到下次再下定決心，又再嘗試一段時間，接著又放棄。

制定計畫這件事固然重要，但習慣的養成不是靠勉強自己重複做同一件事超過二十一天就有用的，常常有夥伴靠意志力撐過二十一天之後，一達到目標就立刻鬆懈，因此單靠意志力改變，並不是個長期有效的方式。

真正自律的人通常不需要靠意志力去強迫自己完成什麼事，而是清楚自己的身分，自然做出這個身分本來就會做的事情。

你認為你是一個怎樣的人？
你想成為怎樣的人？
不要走捷徑，
而是從根本開始下功夫努力，
一開始會很辛苦，得不停摸索創造，
但最終收穫的便是截然不同的人生。

我自己從經營 Podcast 至今已經兩年，常常被叫「網紅」。其實我從不認為自己是一個網紅，我只是使用了自媒體這個工具來作為與群眾溝通的媒介而已。現代人無論是開餐廳、開補習班、賣書甚至賣零食，都需要使用到自媒體工具，因此我認為，並不是自媒體上出現的人都是網紅。

若是身為網紅，代表著理當十分重視「流量」，因為流量不好，廣告收益就不好，廠商置入也會變少，如果我認同這個身分，顯現在行為上應該會時常監控粉絲團流量、分析數據、增加關鍵字搜尋量、分析自己的內容數據去迎合粉絲的喜好，研究怎樣才能提升觸及率，如何提案才能接到更多業配等等……

但是以上這些事情我都沒有時間做；當然，若有廠商找我合作，適合的案子我也會接，當成是我的額外收入，但我鮮少主動提案，主要的原因是因為我對自己的身分認同，因此沒有選擇把時間放在開拓業配市場上。

我把時間花在組織「MomPower 媽媽商學院」、建構很多未來的需要等沒有立即收入的事情上，就算沒有人強迫我，我還是會主動去做相應的事；包括建構課程網站、網羅老師、幫家庭財務長計畫的夥伴們創造收入來源、銜接企業內訓資源跟洽談企業廠商合作、規劃理財規劃師的培訓計劃等。

藉由讓財務團隊整體變好，協助理財規劃師夥伴們能賺到錢，並建構自己的目標，這就是我對自己身分所認同的——我是一個斜槓媽媽創業者，我要幫助一群媽媽一起創造收入。

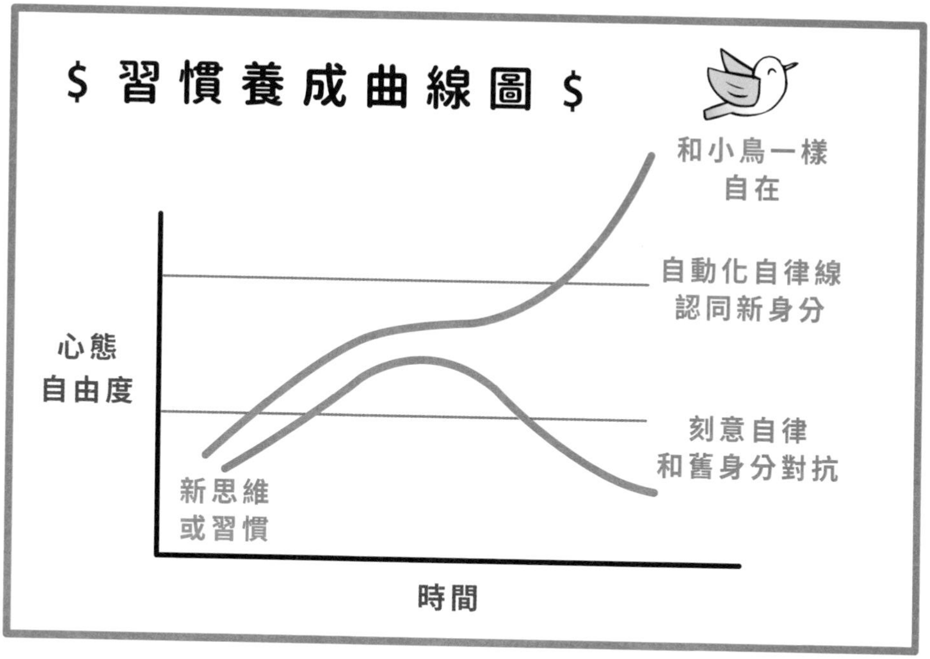

雖然我知道賺錢比較快的方式是跟平台合作大量曝光，要積極寫業配提案給廠商，但就是源自於我對自己的身分認同不同，行為跟自我認知影響了自己的決策想法，進而也大大影響了過程跟結果。

如果你想要創造全新的自己，首先要先認同自己，緊接著讓我們的大腦習慣這個新角色的認定，然後重複創造行為，讓自己有別以往；否則將常常處於「知道但做不到」的循環當中。

光是觀看滑雪教練教滑雪就覺得自己已經會滑了嗎？看媽媽做菜、看數學老師解題時都認為：「好簡單，我已經知道怎麼做了，已經懂了。」但往往等自己親身實作時，才發現自己仍然做不到……

因此，我們需要的是提高反覆練習的頻率。

透過高頻率的重複動作，能使行為與思考趨向於自動化。不知道你是否曾有過這樣的經驗：很累的時候開車載朋友回家，一個分心沒注意，就把朋友載回自己家了？這就是「重複行為」。

當我們的想法重複執行過越多次，大腦及身體的每個部位都會逐漸熟悉這樣的行為而自動記憶，身體將逐步「自動化」，使效率提升。

在我們初嘗新事物時，則需耗費更大的心力來專注心神，待重複數次之後，圖中的心態自由度曲線上升，直到超越慣性後，行為則轉變為習慣，接著大腦就能在無須多加思考的情況下，直接反應，習慣成自然。

所以，當你對自己啟動了一個全新的自我認定時，優先讓大腦習慣你的新身分，事情就很容易變得事半功倍。

請賦予自己一個自己也會愛上的新身分！

放棄太早，再多堅持一點，就距離目標更近一些了。

在初嘗新事物時，需要耗費更大的心力來專注心神，待行為轉變為習慣，就能直接反應，習慣成自然。

6.2

找到自己的理想位置

離開紅海，游向藍海

「你做媽媽學習市場不會成功的。」

這句話來自我一位企業家朋友。他的企業規模年營收兩、三億，雖然放在整體市場上不算大型公司，但仍是相當成功的企業。

他告訴我，台灣市場太小了，大部分的媽媽雖然願意花錢在孩子的學習上，卻不見得願意花錢在自己的成長上；況且家戶經濟大權幾乎都掌握在男性身上，培養媽媽客群所花費的時間溝通成本很高，學費金額又不適合收太貴，最重要的是——這樣的服務內容跟形式，將因為在地文化與社群經營的概況差異，成功模式無法輕易複製到其他國家去。

這位朋友的看法，我幾乎都同意，但正是因為投入市場的成本高、回收期長，商業模式又不容易複製擴大，所以才沒有大公司涉足這個市場啊！

新創產業最害怕的就是：「找到了一個可以賺錢的商業模式，但是沒有足夠的錢做廣告，快速提昇知名度，將市場擴大，一旦有一個資本雄厚的財團發現了你的商業模式可行，決定砸下巨資，就算你是市場先行者，大部分人還是不認識你，這時市場獲利就被整碗給端走了……」然而，小眾市場剛好沒有這個問題，因為跟你搶市場的獲利太低、成本太高。

我捫心自問：「究竟我的市場規模要做到多大？規模越大的公司需要越高的資金、越大的營收才足以支撐公司的營運，因此企業多半會選擇放棄小眾市場。」如果我決定不走大眾市場，那麼小型市場的規模是否能滿足我自己的期待？我認為，只要能夠幫助一群人解決他們得花很多時間跟精神才能解決的問題，我們的付出能讓客戶有所收穫，那麼我們所提供的服務就是有收費價值的。

我自己對這份事業的期待是能夠幫助十萬個家庭，光是台灣就有九百萬個家庭，我只需要有台灣家戶比例百分之一的一小群人認同我就夠了。

這樣的小眾市場特別重視跟客戶的互動，使服務更能擁有親民的溫度；就算客戶數少，若能因為認同度高，忠誠度高，那這就是小眾服務生存的空間。也許，我們沒有高額的行銷預算，在初入市場前期知名度不容易打開，需要更長時間與

消費者互動累積信任，但一旦跨過門檻取得了消費者的信任，就能迎來長期而穩定的支持。

由於小眾市場在整體人口相對較少的台灣來說，人數可能真的很少，就算這些人全部都支持你，營收也可能不足以支撐一間公司的開銷，所以必須以最小規模經營。

首先，我會盤點周遭可運用的人力資源，如果另一半願意支持你的新創事業，也可以連同另一半的專業能力一起盤點進來，這是最省錢的方式。

我們的學員當中就有一位媽咪，用先生寫程式的能力來開發自己的APP，如此也不至於在事業的一開始就產生過高的固定開銷，而能避免固定開銷過高、每個月要追著數字跑的壓力了。

用戶增長率、購買率、轉換率、毛利率、瀏覽率、點擊率、投資報酬率、銷售收入、銷售客單價、損益平衡、複購率、退訂率、廣告成本、製作成本等，公司經營的每一項數據都能使人焦頭爛額，沒有一定資金難以一步到位。

我個人強烈建議：在資金不足時，盡量把所有成本都變成「變動成本」，採用兼職人力，用自家客廳當工作室，在必要時單次租借場地，盡量採分潤的方式進行合作，再慢慢找到事業可能擴張的開口。

先投入才有收穫時，財務要做好準備再開始

例如：如果在台灣的總體人口規模下，願意付學費學習的媽媽族群尚不足以支撐我的平台營運開銷時，是否能開啟適合同樣訴求客群的另一條服務線？例如：用團購利潤養平台？新計畫是否需要投入前置費用或是人力？現有人力是否能夠負擔？如果要聘請新的人力是否符合成本？例如：開啟團購線是否需要額外增加人力，最後反而提高平台經營成本？這些都得要經過財務試算，各項評估過後才能夠做出最終決策。

創業初期必須要不斷「造血為自己續命」，因為這是一個必須先投入之後才有收穫的過程。我曾經認識一個中小企業的老闆，創業初期自己下班後兼開計程車，他太太則接很多平面設計的案子，為的就是要養公司、養員工、研發產品，拼了兩、三年後公司才正式開拓市場，苦盡甘來。

也許你聽過許多新創企業都有拿投資人的錢創業，一開始勢必覺得很心動，但是投資人投資你肯定是要賺錢的，如果投資人是親友，那或許真的是支持你的理念，希望你成功，但如果你公司的資金來自於法人機構、投資公司，那麼就等於你頭頂上多了一個老闆，會追你進度、看你的營運計畫、會計報表，那樣的創業方式是另一個世界。

太過理想化、無法快速獲得巨大利益的案子都不適合這種融資方式。在我上

一個跟朋友合資的事業經驗中，曾經拿過香港、大陸跟台灣的法人資金，與投資人往來的經驗告訴我，這次創業，我不想再讓別人影響我事業的發展方向，我不輕易拿投資人的錢，不想做跟自己的創業理念背道而馳的事。

因此我認為大前提是，你必須在財務做好一定準備下開始創業，否則肯定會又急又累又辛苦的追錢，所做決策都只聚焦在能不能立刻賺到錢，催促大家買單，那麼這時的關注點已偏離了客戶需求，而轉到公司的生存上，事業經營的失敗機率必然提高。

我們應該要著重的是：「我所提供的服務能不能確實幫助到我的客戶？」只要我的服務或商品能實實在在幫客戶解決問題，客戶經過一段時間的觀察也覺得你可以信任，自然也就願意掏出荷包，用實際行動來支持你的理念。

每個人都有自己每個階段需要完成的任務，當我們成為一個媽媽，現階段的人生最重要的就是孩子，如果你打算親自陪伴孩子成長，而不是聘請保姆的話，那麼能做一件有收入又能實現理想的事情已經很不容易，如果不了解自己的優劣勢，那麼給自己下的目標就可能不夠精準，我會誠心的建議：「在資金有限、精力有限、時間有限、人力有限的情況下，不妨收斂目標，給自己一個最適定位。不要越級打怪，由低到高慢慢往目標推進，重點是做到最好，而不是做多。」

選擇做別人覺得困難的事情，未來的人生會比較輕鬆。

選擇做輕鬆的事情，未來的人生會比較辛苦。

樂在其中是持久最重要的關鍵！

6.3

為你的人生塑形

想要生活變好，自己得優先變好

「當了媽媽之後，忍不住會把小孩、先生、家人都放在自己的前面，雖然是自願的，但有時候還是會感到心酸，尤其是聽到別人說：『女人要有錢、女人要有自己的事業、女人要愛自己』的時候，我只能假裝自己不在意，因為我不知道自己還能做些什麼。」這是很多回歸家庭的女性共同的問題。

女人結婚之後，從小姐變成太太，生了孩子之後，又從太太變成媽媽，跟所有女性一樣，我也曾經想當個別人眼中的好太太，我自認一定能兼顧所有角色，成為出色的好媽媽。

然而，在一段時間與現實的抗衡之後，我承認自己無法符合社會傳統對好媽媽的期待，甚至連我自己的媽媽都認為我不合格，我終究長成了自己的樣子，專注在自己有興趣的領域，創造出自己的獨特價值，因為我決定成為一個有能力引導孩子成長的非典型好媽媽。

愛家人，更要先愛自己

隨著時代的不同，好媽媽絕對不再是放棄自我、無條件犧牲，好媽媽更願意在壓縮的時間內重視自己的成長，並帶給家人、孩子成長動能。我們都希望孩子能健康並擁有面對未來的生存力，但如果媽媽在生了孩子之後就放棄提升自我，那麼小孩所看見的只會是個疲憊不堪的媽咪。

我希望我在當媽媽的同時也可以越來越有自信、越來越有智慧，透過不間斷的學習，讓自己變得更美好，如此一來，我才足以成為孩子模仿的好榜樣。我期許自己有能力引導孩子走向豐富、多元、有趣又富足的人生，重新跟著孩子一起成長。

前一陣子在群組中，大家很熱烈的討論著那些生很多孩子的網紅媽咪到底是如何生活的，她們看來都擁有財務跟時間的自由。

根據我的觀察，這些網紅媽咪們都有一個非常明顯的特質——她們都具備

「積極成長型人格」，這樣的人很難活得痛苦，不開心時，也會想盡辦法找到不開心的根源並療癒自己，始終相信自己的能力能透過學習而提升，相信自己所遭遇的問題一定有辦法解決，願意不斷嘗試，腦袋永遠都會想出新辦法，總有能力突破限制、克服極限，終能跨越一個一個的困難，從而養成不斷成長、想辦法，並接受挑戰的習慣。

狀態好的人總是做的比說的多，他願意做很多別人覺得困難的事，比其他人更懂得利用資源、調整心態、面對問題，且在困難當中找到樂趣，享受自我挑戰的過程，這就是使人生變得輕鬆的秘密。

狀態不好的人說的比做的多，且專撿輕鬆的事做，輕鬆的事做久了，人腦鈍化了、競爭力下降了，人生就辛苦了！

有時，在別人看來痛苦的過程中，我其實還挺開心的，蠻能享受突破自我的樂趣。當然只要是人，免不了會有低潮，但對「成長型的人」來說，低潮都只是一陣子，不會是一輩子；而「定型心態的人」則會覺得自己的人生困難重重，什麼都辦不到，連小問題也不能克服……當一個人不相信自己努力突破就能成功時，很容易因各種微小的阻礙或反覆的挫折讓自己越來越弱。

「你想要在放牛班當第一名，還是在資優班當最後一名？」許多人寧可一輩子在放牛班當第一名，寧願活在輕鬆的舒適圈裡，也不願意挑戰自我。

時間是公平的

我們都知道複利的美好，投資的複利、學習的複利……複利的威力，需要透過「時間」的催化，只要持續不斷，威力就會越大。但是別忘了，複利除了需要時間，還需要努力和堅持，複利同樣也能使負面效益放大。

你覺得每天吃零食當正餐沒關係，一年後將造成肥胖且營養不良；你覺得每天都很累，只想休息不思精進，反正當下也看不到立即影響，不急迫所以無所謂，五年、十年之後的自己失去市場價值，很可能會面臨失業，緊接著財務陷入困境……每天退步零點零一，多年之後，你還會喜歡你自己嗎？

相信人生能夠靠自己的力量改變的人，都能讓自己的生命變得不同，也許不是盡如人意，但至少不會停留在原地。越是隨遇而安，只想待在舒適圈的人，隨著時間的流逝、年紀的增長、競爭力下降，舒適圈會變得越來越不舒適，因為時間是公平的，一旦流逝了就不復返。

「現在的你」沒有花時間努力，「未來的你」就不可能突然間學會。

在親子理財的講座當中，我最常被問到的一個問題是：「幾歲可以開始教孩子理財？」

我往往都會回問家長：「如果我說從現在就開始教，你知道該怎麼教嗎？」如果不知道，我們是否該從現在就開始學？

$ 謹守底線 $

1 生命底線

2 財務底線

3 人際底線

4 身體底線

若總是等孩子準備好了家長才要開始學習，那麼等家長準備好的時候，孩子已經長大，錯過了黃金學習時間，豈不是很可惜？機會總是留給準備好的人，人生也是；我認為任何事都能複利，不是正複利就是負複利，就看我們的行動力有多少。

當我們不斷追求高學歷、證照、證書，但那充其量只不過是一張通過考核的證明紙，找工作的時候雖然用得上，但有多少人在拿到那一紙證書之後，結束任務就失去熱情，不再求進步？其實真正擁有「高學力」的人不喜歡讀死書，對未知永遠充滿好奇與熱情，就算在求知路上需要付出很多時間，依然甘之如飴。

謹守底線

我喜歡凡事留一線，保留餘韻，這顯示我對人生的風險有所承擔。做任何事情都要守住自己的底線不被攻破，這意味著我明確了解風險所在，知道哪些事情在我的掌握範圍之內，不只是憑空想像而已，且知道自己所能承擔後果的限度在哪。

舉例來說：我清楚掌握自己家庭的財務狀況，明白每個月的開銷最多可以花多少錢，再多就超出底線；這讓我進退有度，心態從容。

並且在謹守底線的同時，我深知自己只有一個選擇：那就是「持續向上」。保持清明，知道什麼事情對自己是最重要的，哪些事情能帶給我真正的快樂；從而在做決定時更加敏銳，也更能阻止自己任意耗費時間跟金錢等資源。時時回想自己的願景和初衷，形塑自己的精彩人生。

如果你不知該如何設立底線，或許可以稍微回想以下對自己重要的事情：

1 生命底線：生命優於一切，遇到危險什麼都可以捨棄，做任何事情生命安全優於一切，無論遇到多大的困難，都不能傷害自己。

2 財務底線：建構自己夠用的資產，算出可行預算，經濟獨立。

3 人際底線：不要嘗試改變他人，合則來不合則去，不與人交惡。

4 身體底線：不能讓陌生人觸碰自己的身體。

只要你自己重視的事情，都可以列出來，道德底線、生活底線，甚至做家事的底線，確立底線也就是認清原則。

凡事都有自己的原則，就像你幫自己的人生建立了一套不可牴觸的憲法，這也可以幫助你與另一半溝通，甚至可以做出家庭的共識。

相信人生能夠靠自己的力量改變的人，都能讓自己的生命變得不同，也許不是盡如人意，但至少不會停留在原地。

6.4 將簡單的日子過得講究

境隨心轉

「心態決定一切！」在越是慌亂的時刻，需要的往往不是理財技巧跟投資標的，而是重新穩定自己的腳步，讓腦袋 reset，而不是爭先恐後的追著錢跑，反而要做一些能讓自己增值的事情。

疫情的這幾年都不適合出國，好不容易待疫情稍稍緩解了些，我帶著兒子在小琉球、綠島過暑假，划獨木舟、浮淺、SUP、在無邊際泳池游泳，也坐了玻璃船。佑佑終於在三歲十一個月時解鎖浮潛技能，親眼看到海龜在自己身旁游泳，享受陽光，非常開心。我很喜歡帶著孩子一邊旅遊一邊工作，這次我依然帶

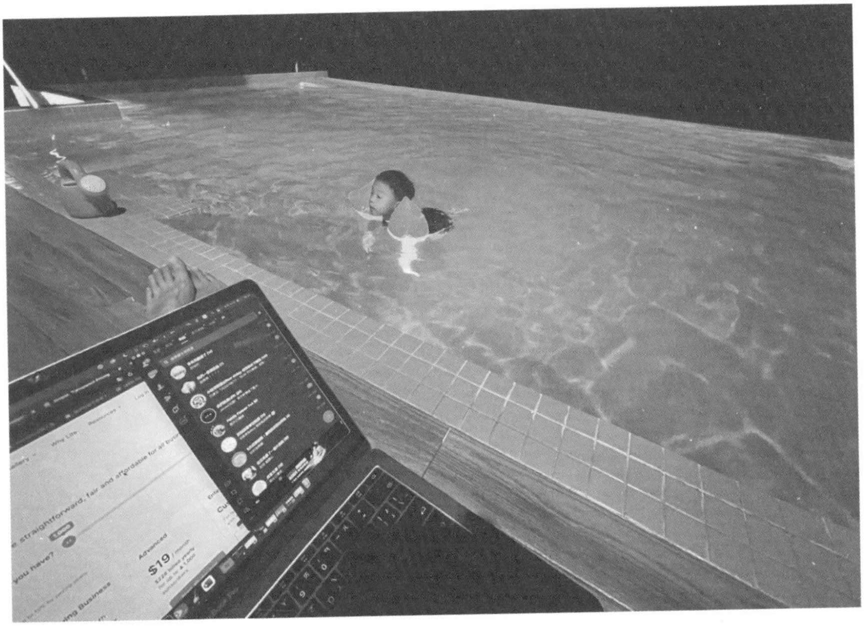

著電腦去旅行，適應這種充滿生活感的工作方式，為將來帶孩子到處旅行冒險做準備。

從海岸邊起身沖沖澡，帶著孩子回房間做一些靜態的活動之後，我開啟電腦準備工作，甚至孩子在泳池游泳，我就在池邊開著電腦辦公；也許你會說：「玩就是要好好玩，好好陪伴孩子，還要工作不是很辛苦嗎？」

事實上，當這樣的生活型態成為你日常生活的一部分時，可是很享受的一件事情。很多人都告訴我們：「工作跟渡假應該要分開。」但是，我覺得：「工作跟渡假是可以融合在一起的。」以往我們都需要特別安排出假期才能出去玩，但若是這種能兼顧工作的旅行方式，則隨時都能安排，孩子也能透過溝通理解而配合，同樣也玩得很開心。重點不在於我們怎麼做，而是看我們的心態。

以往傳統的工作型態大多是朝九晚五，以至於人們常以為工作和生活應該界限分明，但若打破這層我們從小被教育的認知，你會發現，現在的社會有越來越多不受限於傳統型態、邊工作邊生活的選項，這就是一種不侷限自我的生活方式。

當然要達到這個程度，不是只有一台電腦跟藍天白雲海岸線就能達成的，這是一個心態調適循序漸進的過程。在後疫情時代，無論是生活或是工作，其實都開始朝向數位化靠攏，也更加速了「不限場景」的應用，想實現終身學習並同時維持社交活躍也不再那麼困難；我們可能會選擇在客廳、咖啡廳、甚至廚房開始我們的線上學習或是工作，但這是一個非常考驗自制力的課題。

這樣的日子不奢侈，但是很講究，不需要家財萬貫，但是需要保持彈性，從日常的生活中活得有滋有味，別讓一成不變的平淡消磨了我們的心智。

別讓自己昨天、今天、明天、後天、大後天都沒什麼不同，吃東西只為了不餓，穿衣服只是因為不穿衣服會妨害風化，過於貪圖方便，於是每天都一成不變，生活只是為了活著，一年三百六十五天毫無期待，每天過著重複的日子。

把生活過得講究，也就是隨時找有趣的事做，有時裝扮一下自己、有時來點驚喜，去旅行、去做些沒做過的事情、認真的過生活。

我有一位朋友很喜歡插花，每一次來我家總是會帶上一束花，有時候是粉色系、有時候是藍色系、有時候是橘色的，當這束花放在客廳最顯眼的位置時，整個家的氣氛也跟著變得溫暖了起來。

而我則是精油的愛好者，工作時我喜歡點上柑橘、佛手柑、天竺葵的薰香，放鬆的時候用薰衣草、岩蘭草，運動的時候來點薄荷、茶樹；空氣中的氣味不同，心情也大不同。也可以簡單的選擇一支咖啡豆來一杯手沖咖啡，一點一滴都是講究，這種講究是在生活中增添一點巧思，並用心去感受。

每個人的價值觀不同，重視的也不一樣，有的人是家庭，有的人是工作，有的人是成就感，有的人是朋友，甚至有些人是整潔；每個人生活大小事的優先順序不同，我們不該習於用自己的模式去框架別人。真正認真活著的人能體會開心滿足，而不是每天湊合著過日子，成天苦著臉，什麼事都提不起勁，看什麼都不順眼。

當我們對生活周遭的事物開始草率隨便，不注重品味、不重視他人感受，吃飯吃得潦草，壓根沒有靜下來享受食物，常常根本也不知道自己到底吃了什麼。

一旦我們開始講究之後，你會發現生活的心境完全不同，在兼顧有品質的生活與工作的同時，也能享受自在。

不用心的代價

你是否FB和IG上素未謀面的網友很多，隨便滑都上千則留言，生日的時候社群媒體上眾星拱月，一堆人跟你說生日快樂，但都只是剛好滑到順手祝福而已；在現實生活中，沒人打電話祝福你，沒有人準備蛋糕，更別說禮物跟Party，因為根本沒人真正在乎你。

表面上交友廣闊，但是當真正遇到問題、覺得傷心寂寞想找人聊聊，幾千個網友滑了一遍，找不到一個可以談心講真話的對象。

結了婚有了孩子，變得不再重視另一半的需要，沒有交心、沒有情趣，更沒有交流，生活中找不到溫暖與感動，有如所謂的婚內失戀，維持著婚姻的空殼，只欠一個離婚的理由，兩個人生活在一起只是將就，早已不知道愛在哪裡了。

這樣隨隨便便生活的後遺症就是空虛，不知道自己為什麼活著。我認為這種自暴自棄的行為就是現代人忙碌的後遺症，因為放棄了自己、不思改變：「就這樣吧，隨便啦！」

總覺得別人針對自己，隨時啟動防衛，甚至是主動回擊，這其實是自己內心的投射，惡性循環之下，就會活得更不快樂……沒有人想陷入這樣的困境，不是嗎？

生活需要用心經營

婚姻有時需要儀式感，當女人不再任性和撒嬌，代表對這段關係失去值得依賴的安全感，夫妻關係已死。對我來說，儀式感其實是一種信念的強烈存在，透過這樣的習慣培養，也能讓自己好好關心自己以及身邊的人。

有些事「並非必要，不做也不會怎樣」，很多人怕麻煩乾脆跳過；然而，如果我們的生活只剩下必要的事，那就只是「生存」而不是「生活」了，不是嗎？

為自己點上香氛蠟燭，放音樂泡個熱水澡，讓洗澡不僅只於潔淨的功能而升級為享受；視運動為轉換心情，輕鬆流流汗，內心也會感到愉悅；用漂亮的筆記本記帳、用精緻的杯子為自己呈上一杯香氣馥郁的濃醇咖啡……小小動作就能提升生活質感。

對於另一半，除了每天例行的「kiss早安」、「kiss晚安」，也少不了適時的親吻、愛撫、情話綿綿，雖然不說不做可能也不會因此而離婚，但是做了一定能夠為兩人的感情升溫。

對孩子，除了每晚說故事，「kiss早安」、「kiss晚安」，親吻、擁抱，說鼓勵的話，不這麼做孩子也會長大，但是做了一定能提升親子關係並有助於兒童心理發展。

多關心身邊的人，誇讚媽媽煮的飯、陪爸爸喝酒、關心朋友的近況，這些事情都是生命中的「非必要」、不做也不會怎樣，但是只要我們能用心去關懷周遭的人事物，就能讓我們心靈安定，更有歸屬感及安全感。

我也很重視生活中的各種值得慶祝的時刻，生日、跨年、暑假、孩子學校的運動會、聖誕節、結婚紀念日、通過考試、換新工作等等，你也可以自創一些節日來慶祝；例如：老公第一次下廚紀念日等。

只需要珍視身邊這些看似微不足道的喜悅，就能讓我們的生活充滿幸福感，正因為日子過得平淡，更要給自己製造一些小驚喜，讓平

淡的生活變有趣。如果能夠在日常生活中用心過日子，那麼每天都可以過得很美好，由內而外的讓自己感到舒服，那麼心靈也會更平靜，生活更有滋味，無須取悅誰或是讓誰羨慕，自己覺得開心就足夠了。

對我來說，一邊旅行一邊工作就是這樣的一個象徵。帶著孩子出門，可能需要搬行李、等火車，常常需要抱著累翻睡著的孩子、自己已經很疲憊了，還得安撫鬧脾氣的孩子，廁所可能會很髒，孩子會流汗、會曬傷，在旅途期間的我們也常為了省錢，在朋友家打地鋪……帶著孩子邊工作邊旅行並不輕鬆，各式各樣的意外可能發生，但這一切都很值得，留下珍貴的體驗跟回憶是無價的。

在這個人心浮動的時代，這些感受是那麼珍貴，我們之所以能歷經挫折、再次跨越自我，讓自己變得更加美好，正因為生命中這些令人愉悅的小驚喜，讓生活不無聊、不麻痺，透過用心經營，這些儀式感不一定很花錢，也不一定很花時間，只要我們對生活保持熱情跟好奇心，就有辦法達成；最害怕的是懶得花心思，使日子日復一日，沒有任何火花，甚至可能嚴重到讓你開始懷疑自己存在的價值，與其如此，何不費心讓自己活得快樂？

用心生活是可以練習的，從「信念」到「語言」到「行動」，對生活真正的投入。這樣的價值觀不需要花大錢，它是一種對生活的感知，對生命的追求，現在開始就讓自己每天「說好話」，並且找到能幫自己生活加分的「儀式」吧！

把簡單的日子過得講究一點，生活會更有質感。

6.5 為自己擬定學習計畫

現在你已經知道自己的人生想追求的是什麼了，那就可以對自己的人生擬出一份「學習計畫」，藉由這份計畫讓我們釐清自己缺乏哪些需要的能力，能怎麼補強自己，進度該如何訂定，即便學習計畫未能完成，或是成果不如預期也沒有關係，至少我們可以回過頭來檢討原因，讓自己一次比一次更進步。

1 以整個人生為考量

擬定計畫的時候不能只有短期目標，而是衡量這個計畫在你的人生當中能起什麼作用，千萬不要忙於完成短期計畫而忘記累積實力，唯有累積實力才能開拓

$ 擬定學習計畫 $

1 以整個人生為考量
哪些能力能為你的人生目標加分，請將之列出來。

2 找出自己想解決的問題
需要哪些能力才能解決？問題屬於冰山上或下？

3 區分短中長期目標
短期、中期、長期的目標，解決不同問題。

4 確認財務上可行
學習需要財務支出。或者一邊學一邊賺錢。

5 分享給朋友，激勵自己做到
請大家為你加油，更能堅持下去。

更好的人生。究竟哪些能力能為你的人生目標加分，請將之列出來。

2 找出自己想解決的問題

你現在所面對的問題，究竟需要具備哪些能力才能將問題解決？是要用於建構事業還是追求人生，甚至是提升生命維度，這些問題是屬於冰山上的還是冰山下的？

3 區分短中長期目標

「短期」：解決立即問題，想儘速學會的事情。

「中期」：累積實力、一到三年想學會的技能。

「長期」：讓人生過得更好的事情。

4 確認財務上可行

就算什麼都想學也不能忽視財務預算，例如上英文課之類的計畫執行需要花錢，就必須檢視自己的財務狀態；有些計畫則是能夠一邊累積經驗一邊賺錢的，例如想開咖啡廳，因而去咖啡廳打工，觀察學習咖啡廳經營的技巧，這就能一邊累積經驗一邊賺錢。

5 把計劃分享給朋友知道，激勵自己說到做到

構築一磚一瓦，房子總會有蓋好的那天，但是過程中一定得有所付出，為了鼓勵自己堅持到底，不輕言放棄，請把你的計畫告訴身邊的親朋好友，請大家為你加油、支持並督促你堅持下去，來日，你將被自己努力的成果感動。

$ 珊迪兔：區分目標示範 $

明確目標

- **短期**：一個月內找出適合自己的時間管理方式。
- **中期**：一年內拿到專案管理 PMP 證照，兩年內多益考到金色證書。
- **長期**：薩提爾溝通、家庭理財、彈鋼琴、運動。

寫出執行計畫表

- **每週二、四是健身房，一次四十五分鐘。**
- **每週一、三線上學英語，一次二十五分鐘。**
- **每天閱讀一個章節的書籍。**
- **每天早上早一小時起床準備多益考試。**

．第 6 章．作業練習．

- ✓ 我最想學會的三個技能。
- ✓ 這些技能能讓我的人生有什麼轉變？
- ✓ 金句：緩步前進也是前進，擁有完美的點子卻不去執行，終究沒有成功的一天。

Support

"

尋求支持，
從修復裡
感受幸福

"

www.sandytwo.com

Chapter Seven

情緒修復力

世事的面貌關乎一心

「菩提本無樹，明鏡亦非台。本來無一物，何處惹塵埃。」

——佛教禪宗六祖慧能

這句話說明了萬物的「空」性。世上的一切都是人定義出來的。塵在外，心在內；常常整理自己的內心則心境無塵，自己所有的語言跟行為都代表自己的認知。塵埃本是自然界的存在，對我們而言，你說它是髒污，它就是髒污；換個角度，若說它是美好的自然之物，它就是孕育萬物的大地。

7.1

同樣的東西，在不同的人心目中有不同的定義，只因人心中有塵埃，看世界便處處是塵埃，一旦心中無塵埃，看世界則處處美好。

你可以練習試著為任何事物或行為做出定義，這其實是很有趣的。同樣是一個容器，我們叫它杯子，它就是盛裝飲料的容器；我們叫它碗，它就是一個裝湯的容器；如果小朋友拿它來玩辦家家酒，它就是一個玩具。萬物本身都是我們賦予它意義的。

同樣的，行為也可以這樣被定義。被嘮叨碎唸是每個人都曾有過的經驗，若覺得對方在挑你毛病，肯定會感到厭煩，若覺得對方是關心你，就會感到窩心。當然沒人喜歡老是被碎唸，心情總會受影響，然而如何扭轉心緒，關乎你的反應；只要你願意優先釋出善意，相信對方也會逐漸卸下心防，一次又一次，互動總能改善。我先生就是個刀子口豆腐心的人，心口不一是他的語言慣性，習慣用質問句說話，且結尾常是帶有否定意味的問句。

「你為什麼不帶外套出門？你沒看到連我都穿長袖嗎？你難道感覺不到溫度嗎？」

「你怎麼會連這個都不知道？這不是基本常識嗎？」

每次聽到這樣的句型，我都覺得是被指責否定，一聽到這樣的問句，總讓我感到很不舒服，雙方一起衝突，很容易就直接吵起來，「我又做錯了什麼？幹嘛這樣說話！」當下覺得自己一直莫名被否定，這往後幾十年的日子要怎麼過啊！

但自從我開始閱讀溝通相關書籍，並且上課練習發掘這些問句背後的情緒與意義時，我發現自己真正生氣的，其實是我投射出來的對象，從一開始的失望、覺得委屈，到中期的不期待就沒傷害，一直到現在，我終於讀懂：「老公的表達方式只是跟我所想的不同而已。」從相處中找樂趣，老公就變得超級可愛的！

話要怎麼說

傳統台灣家庭常會出現的否定句對話句型，其背後其實掩藏的都是善意，畢竟從小到大的語言習慣是很難改變的。

我開始嘗試扭轉我們的相處模式，只要遇到這種句型的問題，就不再跟老公對衝，當他說：

「你為什麼不帶外套出門？你沒看到連我都穿長袖嗎？你是感覺不到溫度嗎？」

我會回他：「你怕我冷就說咩！我錯估天氣啦，冷死我了。」

接著老公帥氣的把外套脫下丟給我：「你看！都起雞皮疙瘩了，快穿起來啦！」

當我老公說：「你怎麼會連這個都不知道？這不是基本常識嗎？」

以往我可能會回：「我懂的事情你也不懂啊，憑什麼說我沒常識？」然後就吵起來，

現在的我會回：「還好我老公有注意到，我就是沒有想到咩！」

接著老公就會酷酷的說：「拿來，我幫你弄啦！」

我自己常常也會落入慣性，一不注意就使用了否定句型，這真是個非常需要有意識的去練習改變的習慣。有一次孩子起床之後立刻跑去客廳找爸爸，我睡眼惺忪的跟孩子說：

「寶貝，你怎麼沒有過來先跟媽媽抱一下？」

在說出口的那一秒，我就意識到自己使用了否定句型，於是立刻改口：

「寶貝早安，過來給媽咪抱一下。」

他跑過來抱了一下，給我一個早安親親之後，就跑出去找爸爸了。

與其試圖改變他人，不如改變自己的心態。因為我們自己也常犯錯，只因太過習以為常，這些錯誤可能連自己都沒發現；也許前十次、甚至二十次的肯定句練習，都會讓你覺得自己像在委曲求全，必須刻意壓抑自己的情緒；但不消十天半個月，你就會發現：「對方也會因為你的回應影響，使他的行為也有轉變。」

當你發現他那些「未能直接說出口的真心善意」時，你其實已經實際幫助

了對方，因為他只是不懂得如何把真心的善意好好說出口而已，並不是真的對你漠不關心；自己的好意常常被誤解，他也感到委屈，一旦對方能感受到你的理解，自然也會改變態度。

我可以很明顯的察覺我先生也想改善我們的互動，只是不知道怎麼辦才好，於是他嘗試用很溫柔的語氣說話，雖然說話的慣用句型還是沒變，用溫柔的語氣說那些氣死人的話，不懂的人聽起來會超諷刺的，但我卻感覺很窩心，因為我深刻感受到他的心意了。

儘管現在的我跟我先生之間，偶爾還是會出現過往養成的壞習慣——用否定問句的句型開場，但是中途我們會有意識的翻轉對話，過程中你來我往，最後結尾變成抱在一起三八的跳舞。

大部分的道理都是人定義的，沒有百分之百的對錯。人往往只相信自己能理解的事情，對不同的個體來說，所理解的「對」、「錯」都不盡相同，萬物都在等著我們給予定義，只要你確實能掌握自己說出口的話，你就有改變世界的力量，就算有時是刻意假裝，久了也就養成習慣，裝久就成真了。

當你遇到讓你不開心的事，或許可以轉念，問問自己：「事情也許不是我所想的那樣，可能還有其他原因……」遇到困難時轉念：「沒關係，我還能換個方式……」只要精神上的壓力能得到紓解，就不會覺得每天的生活那麼疲憊了。

小學四年級起，我就在父親的餐廳端盤子。在那個沒有電腦的年代，餐廳的每一張點菜訂單都必須分成三聯，紅色給櫃檯，白色給廚房、黃色給服務人員；客人點了飲料之後，我們要從冰箱拿取並勾了黃單之後送上桌，小童工的酬勞一天是四十塊台幣，這就是我的小學生活。

餐廳每到節慶客滿時，出餐就一定會塞車，在那個沒有中央廚房概念的年代，師傅都是一盤一盤按照跑單順序炒的菜，如果跑得慢，單子就會較晚送進廚房。當時才小學的我，跑送單都是用狂奔的，否則上菜要是太慢，客人可是會生氣的，為了安撫客人，餐廳都會做非常多冷盤小菜，先給客人墊肚子。

有一年母親節，我推著裝滿冷盤的推車在桌間穿梭，忽然聽到一整桌客戶全家拍手叫好：「**終於上菜了，客人這麼多，真是辛苦你們了。**」已經跑到小腿抽筋無力的我，聽到這句話，瞬間感到無比感激！儘管那陣掌聲前後不到一分鐘，這在孩提時代小小的我心裡，種下了一顆暖心的種子，至今仍然印象深刻。

當然，這世上並非人人都善良，我們可能遇到種種的不合理，我也曾低頭蹲在地上撿醉客打碎的盤子時再被客人踢一腳，對方操著台語說道：「你再撿啊！付錢的我就是要弄給你撿。」

如何能在不得罪客戶的情況下保護自己，並得體的應對進退，至今仍是我重視的一大準則；對從小就開始端盤子的我來說，這是累積我人格特質一個很重要的關鍵，因此我總是特別能體諒為我服務的人，也很自然會去為人服務。

情緒的調控能力

二〇二〇年十二月，當我確定離開自己共同創辦的公司，回家當全職媽媽，因為投資機構有合約綁定的關係，我必須將股份全數無償還給公司，轉而嘗試將我本來做興趣的「Podcast」轉為收入模式時，母親在此時告訴我：

「小孩的活動力越來越強了，靠我的體力沒辦法帶太久，你既然不用上班，那就自己帶吧！」

於是我便開始一邊育兒、一邊找尋賺錢的機會。

帶著孩子，舉凡任何朋友找我幫忙，當助教、顧櫃檯、寫企劃案、代筆撰稿、寫專欄、演講、組織專案、擔任顧問等等……只要是能夠累積能力和經驗的事，不管有沒有錢賺，我都願意試試。

其實，大部分看起來很厲害的工作反而像在當義工，雖能累積實力，但卻是沒有收入的；反而是當助教、授課、寫企劃這些立即性的工作才有收入，加上我花大量的時間在上課學習、參加學習性組織，當時的我幾乎把自己當超人用。

每晚小孩九點半睡著，我便接著工作到十二點，清晨五點多再起床繼續做事……親自帶孩子一陣子後，母親發現我真的太累了，因為心疼女兒，於是願意幫我輪替帶孩子。一直到孩子兩歲上幼幼班，我才改變作息，早上七點起床送孩子到學校後，一路工作到孩子四點放學。

找到方向後，我開始進行工作上的斷捨離，讓自己的工作更聚焦，從一個人變成有一群夥伴，大家共同努力，才開始逐漸輕鬆起來。

我很慶幸疫情使遠距工作興起，幾乎所有廠商都能接受遠距工作。

很多時候我必須一邊帶小孩、一邊工作，面對小孩「一天叫一萬次媽媽、在我打電腦的時候一直拔開我的手、工作進度拖延、專案做完了客戶不肯付款、客戶一通電話來又隨時得開會，加上要煮飯、幫孩子洗澡，哄睡覺……」每天生活都充滿著令人抓狂的畫面。

一邊工作一邊喊孩子：

「我已經講很多次了，你怎麼不聽話？」

「這樣很危險，你快下來。」

順勢就開始數起1、2、3……這時真的很容易「情緒失控」！

當然，適當的釋放情緒是健康的，懂得適時釋放情緒的人，反而不容易被衝動操控，更能避免在情緒化的狀態下做出錯誤的行動或選擇，避免付出自己無法承擔的損失，因為那樣的衝動行為叫做「不成熟」，不叫「真性情」。

以前我在美國唸書時，認識一個同學，因失戀而無心上課，竟忘了自己的簽

證是I-20學生簽證，一旦被退學就無法繼續留在美國，結果真被退學後又不敢跟父母說實話，因此選擇在美國隨便找間語言學校登記，以延續簽證效力，希望能找到機會重返校園，這樣一拖就是兩年，女朋友早已不知去向，他自己更耽誤了寶貴的時間，白花了更多學費，還必須對家人撒謊。

這樣衝動的性格可能在商場上喪失代理權、失去工作、遭解職，使你付出自己難以想像的代價。正因如此你會發現：越有成就的人，往往越是情緒調控的高手，穩重且可靠，無論遇到什麼事情都能保持「解決問題優先」的態度，而不是只想發洩情緒，「製造更多問題」。

為了保持「解決問題優先」的態度，請在能力所及的範圍內努力，不要強迫自己成為超人，如果你累了，別怕哭出來，允許自己大哭一場，好好釋放壓抑的情緒，之後才有更多的動力去面對生活。

我發現自己情緒失控的原因，多半是來自於「疲憊」跟「睡不飽」，前額葉功能下降容易衝動，因此我只要想睡了就去睡，睡三十分鐘之後的工作效率便能提高，反而不會耽誤工作進度。家庭、事業、自我期待等壓力，使我在疲憊不堪時容易生氣，加上現代生活步調越來越快，可能是遇到溝通沒重點、與自己習慣不一樣的人，甚至連網路速度不夠快，都會讓人失去耐性。

我想多數人都有被情緒控制的經驗，理性還沒跟上，情緒就暴衝了；尤其面對親密的另一半，更無法控制自己，常說出與自己期待相違背的話，造成反效果。雖然我們事後總會後悔，但下次事情發生時，又重蹈覆轍的讓自己的情緒凌駕理智，再次作出使自己後悔的舉動。

本意↓感受↓行為，是需要一段過程的。

記得有一次我跟老公起爭執，當下的壓力讓我快喘不過氣，直覺想逃離現場，一個人出去走走；我才剛打開家門，老公馬上放話：

「你一出這個門，我就立刻再也不回來，你敢出去試試看啊！」

原本只是想透透氣，結果當下秒被氣哭……這件事我放在心裡好

$ 爭執事件分析 $

老公

- **本心**＝怕對方危險
- **感受**＝關心、擔心
- **情緒表現**＝生氣、威脅

雖然老公「內心」想表達的是「擔心跟關心」，「外在」卻使用了「威脅」的方式來表現。

那麼，接收訊息的那一方會收到什麼？

老婆

- **接收到的情緒**＝生氣、威脅
- **情緒感受**＝委屈、受傷
- **本心**＝加倍想逃離

多年，一直很糾結為什麼他對我的難過毫不在乎、一點都不讓步，甚至還要威脅我。

在一次兩人氣氛絕佳的機會下，我開口問了他，才知道他其實是這麼想的：「當晚夜半時分，女孩子家心情不好單獨出門太危險，當下能使你止步不踏出家門最有效的方式就是威脅，這樣你就會待在家裡了。」

從那時我才恍然大悟，原來人們往往很難表達出真正的自我，常常一不小心就錯用了傷人的方式去愛人。

學習解讀自己的情緒

其實，對外在世界的情緒正反映了我們自己內心的憂慮。我們都知道，滋養萬物維持生命的能量是陽光、空氣、水，那麼維持人類生命質量的，我想應該就是快樂、幸福、開心吧！

當我們違背本心，讓無腦的情緒衝出頭，把事情給搞砸，導致雙方感情破裂的原因居然是互相關心？這難道不讓人啼笑皆非嗎？因為慣用負面語言所講出的氣話，非但無法傳達彼此的關懷與善意，還錯使對方產生誤解徒增困擾。

正確的了解情緒，能有效幫助你避免衝動行事，面對家人是如此，面對外人更是。覺察情緒可以瞬間幫助自己冷靜下來，說出適當的語言，做出適宜的行動，以免逞一時口舌之快，反而得不償失。

開啟我學習解讀自己情緒的良方正是《情緒之書》。這本書有點厚，是我用來發現自己的感受用的，也是開啟我自我覺察力的一本書。

情緒湧上來時，通常「自我防禦」來得很快，人們自會擺出攻擊姿勢，容易出口傷人，這時就放任自己：「覺得憤怒就憤怒，覺得難過就難過吧！」深呼吸幾下再讓情緒慢慢走開，不要去壓抑情緒，而是要「發現、覺察自己有這樣的情緒並且試著去定義情緒」。生氣的背後有可能是害怕、擔心、失望、不被認同……究竟是什麼情緒讓你生氣，當我們知道自己的情緒來源時，也比較容易用正確的方式療癒自己。

感性的情緒並非理智能管理，所以當我們想用理性去壓抑它，通常沒什麼用；我們需的是去理解自己的情緒，認同這個讓你不舒服的感受，接著深呼吸讓情緒慢慢恢復，一時的情緒只是自己此刻的狀態，是可以被轉換的。

等自己不舒服的情緒稍微緩解之後，也可以試著去理解對方的情緒，試著去揣想對方講這些話的本心是什麼。

面對彼此有愛的家人朋友，基本上就能排除「蓄意傷害」這個選項。沒有人會無緣無故要去傷害自己重要的人，他所說的必然是無法拿捏自己情緒之下，違背本心的氣話罷了。

家裡一定要有人願意跳出來當第一個選擇用愛跟包容來解決事情的人，才能讓家庭關係更美好，親子關係更緊密。

曾經有次我出席一場會議，跟對方聊得太開心，不知不覺時間就晚了，手機又剛好在此刻沒電，心裡雖然著急，但也只能選擇加快腳步速速回家。

一到家，才剛開門，老公就喊：

「你手機都不用開機、放好看的嗎？那我以後晚回家也可以不用接你電話囉？」

當下我不再辯駁，選擇用另一種方式回應：

「我知道你是擔心我才會這麼說，謝謝你的關心，這次我真的是手機沒電了沒注意，下次我會提早報平安的。」

對方只是自己心理的投射

透過反覆練習，覺察自己的情緒波動，一旦發現自己的情緒跟本心相違背——明明是心存關懷，為什麼要用責罵來表達？學習調整自己的溝通方式，才能看到更多事情的真相。

嘗試去理解對方，而不是任情緒將你帶著走，致使明明是關心的善意卻脫稿演變成憤怒。

冷靜的檢視自己，是否對親近的人常無法好好說話？無法好好聽對方說？甚至輕易就顯得不耐煩？一旦在夫妻關係或親子關係中累積了太多不舒服的情緒，最後關係很容易就漸行漸遠了。

如有發生爭執，請一定要記得和好。家人、夫妻、親子之間，沒有隔夜仇。「家是講愛的地方，不是講道理的地方。」愛如果摻雜著目的或勝負，那個愛就不再單純，甚至可能變質消失。

覺察自己的情緒波動，一旦發現自己的情緒跟本心相違背，學習調整自己的溝通方式，才能看到更多事情的真相。

7.2

道歉的力量

把握每一個當下才能成功

你可曾明明知道自己錯了，卻說不出「對不起」三個字？或是用錯誤的態度道歉：「我已經說了對不起，你還想怎麼樣？」讓聽者感受不到你真的有在道歉……

道歉是需要練習的。我自己也常常忍不住這麼說：

「好啦！對不起，拜託可以不要再唸我了嗎？」

但一回神，我就後悔了，因為這話讓對方更生氣了。這種道歉其實不是真的在道歉，而是拒絕溝通。有時我也會一邊道歉一邊說：

「可是你也有錯，又不全都是我的錯……」

這些做法不但無法平息怒火，反倒使關係更加破裂。

那到底什麼叫做真正的道歉？

道歉的實質意義是什麼？

我們為什麼要道歉？

我們到底要跟什麼樣的人道歉？

道歉能為我們帶來什麼好處？

這些問題在我們說出「對不起」三個字時，總在心頭縈繞。我覺得真正的道歉是——我知道我的言行讓對方覺得不舒服，因為在乎對方，我願意為他放下自尊，好好去看待這件事；這時的對不起，它代表的就是「對不起，我讓你感受不好」，而不是「對不起，這件事是我做錯」。

大部分的事都不是非黑即白的，所以道歉不一定代表你百分之百是錯的，如若願意用對不起三個字先去緩和對方的情緒，後續雙方就有空間再進行溝通。

只要你的態度讓對方覺得不舒服，勢必有一定比例是自己在言語或行為上犯了錯，我們要找出錯在哪，而不是單純只為了態度而道歉，行為上包含不該當面指責、讓對方出糗，甚至眼神輕蔑等。

另一個方法是，先找出對方「對的地方」表示認同。就算對方的論點你認同的只有一成，仍然可以說：**「你剛剛講的那個方法還不錯，但我有不同的想法，你不妨聽聽看。」**後續也會比較容易達成共識。

當雙方情緒都平穩下來，請記得謝謝對方，願意坦誠吐露真實的感受；我們常常因為怕對方生氣而隱藏真正的感受，只要雙方願意吐露心聲，都是好事，若不肯講出來，就算是夫妻關係，最後可能糟糕到形同陌路。

道歉對某些人來說，真的很難，因此會用不同形式來呈現，例如我先生就是會故意逗我玩或故意弄我的頭髮、搔我癢，這時我就知道他想道歉了。道歉呈現的方式沒有固定的形式，了解心意就好。

學生時代的我也會因自尊心而不肯道歉，但隨著多次經驗，我學到若只是因為自尊心太高而不肯道歉，付出了家庭關係和諧的代價更不值得。所以現在，我也想慢慢的引導兒子，讓他明白道歉的好處，使他能交更多的好朋友，讓大家更喜歡他，想做的事更順利。

但你必須認清的是，道歉仍該堅守原則，凡事道歉只會讓自己變得弱勢，一旦道歉久了，很可能讓人誤認你時常犯錯，而理所當然的否定你，到最後反而使自己越來越委屈。

所以，道歉也是有技巧的，我們必須在道歉時說明自己的原則：「我們做對了什麼、做錯了什麼、為了事件中的哪個部分道歉，要把它講得清清楚楚。」當我們願意把事情原委分解出來時，讓對方能看見我們的善意，雙方關係就能變得更為緊密，只要對方能看出：「我其實不是為了爭對錯而道歉，是為了解決問題而道歉，因為在乎彼此關係的和諧而道歉，因為愛你而道歉。」

道歉是因為愛

我也曾犯過一個錯誤——向對方索討要求道歉。然而，即便當下對方願意道歉，結果你總會覺得，這種要來的道歉並不是對方的本心，自己心裡不舒服，對方也不舒服。

其實在我們的生活中，有很多遺憾只要我們懂得說對不起，就有機會挽回，破滅的關係是有可能透過真誠的道歉來彌補的，這同時也展現出一個人成熟、負責、願意承擔的態度。

為此我曾拉下臉主動跟父親道歉。我的父親是個自尊心很強的人，面對威權時代的家長，我難免與他常有衝突，每當我感到委屈時就會對他很兇。雖然衝突之後我們表面上都像沒發生過什麼事一樣，但心裡的結仍舊沒有解開。

有次我特別為自己糟糕的態度寫了一封長信向他道歉，信中細數衝突發生當下什麼事傷我最深，並反省自己說錯了什麼話應該收回；在信件的結尾，我這麼

寫道：「如果你收到了這封信，請不要告訴我，因為我會覺得很不好意思。」便把信投入了父親的信箱。

幾天後，他主動帶了啤酒來我家聊天，我猜他應該是看過我寫的信了，從此以後我與父親之間的互動感覺就不同了。當然，整起事件我還是認為，父親對當時的我造成了很大的傷害，但我承認，自己的回擊也確實傷害了他，因此我願意為了這個部分道歉認錯，我相信他也是看到信之後，心裡有所感受，才帶了啤酒來示好。

說對不起是一種很了不起的能力，綜觀全局權衡之下，願意主動道歉，是一種成熟的表現。不成熟的人很容易小鼻子小眼睛，只看得到自己的自尊心，不願意為了自己愛的人去權衡輕重；當你承認自己比較渺小的時候，就會變偉大了。

如果公司老闆只喜歡攬功跟咎責，功勞都歸老闆，錯的都是員工，這樣員工向心力肯定不會太好，因此永遠沒辦法把公司做大。

同樣的道理，在家庭也是一樣，願意為了全家的和樂而放下個人自尊，有這樣的胸襟家庭才能和諧，讓所有人都快快樂樂。

•小　功　課•

請回憶你的生命中，是否有哪個重要的人曾因摩擦而變得疏遠？

請拿出一張白紙，坦白寫下向他致歉修復關係後有哪些好處，然後再仔細思考該如何彌補兩人的關係？

只要你願意試著這麼做，你肯定會發現感動，只要付諸執行，就能讓你的人生產生重大改變。

7.3 沒成功不代表失敗

我只是又學到了一種無法成功的方法

雖然設定目標是一件重要的事，但目標真正的意義是讓我們確認方向，千萬不要因為目標沒有達成就失去信心。像我從小到大，沒達標的事情太多了，小事像是：減肥變美魔女，這個目標始終沒達成過；大一點的事情像是：開連鎖餐廳十五間，結果當我開到第四間，公司就被迫賣掉了，最後目標也未能完成。

因為害怕對自己失望，到了一定年紀，很多人不喜歡過生日，畢竟每次吹蠟燭的時候，就更深刻感受到歲月無情。然而，雖然我們未能達成的目標很多，但只要願意誠實面對，用所學的經驗來支持現在的自己，為自己設定新目標，距離成功就會越來越近，你將越來越了解自己。

待過新創圈五、六年的我，當時對東西方文化的差異有很深的體悟。

華人很害怕失敗，你必須盡力向創投金主闡述你過去有多麼成功、有多少豐功偉業的戰績，來證明自己這次也能成功，一旦你曾經失敗，很容易被扣分。

但西方的創投團隊卻特別喜歡失敗三次左右的創業家，他們認為這樣的創業者已經在前三次的失敗中學到經驗，不論失敗原因是團隊擴張太快、樣品跟量產的商品品質差異過大、財務沒有管控好導致破產、管理流程或市場推廣失當、不諳市場行規法規等問題導致創業沒有成功……只要能經歷三次以上的失敗，總該熟能生巧，經驗值提升了，心智能力也磨練得越發強大，因此經歷失敗也未嘗不是件好事。

經歷過幾次失敗，增加了對自己的認識，你會發現，自己以往的追求可能不切實際。就我而言，經歷過多次修正，我發現自己設定的目標變得越來越簡單，當我的生活目標越簡單，我就越容易得到快樂；在我一步步認真的把每個小目標達成後，我就能越來越有自信，而且不知不覺的就能逐步往大目標靠近。

每一次的失敗都是一種珍貴的啟發，失敗所學到的都會影響我們對事情的判斷，也會影響我們的價值觀，每一次的失敗都是一個寶藏，學到了格局就會提升，透過越來越了解自己，就能適當微調自己的方向，並給自己鼓勵，重新掌握自己的精彩人生。

簡單的快樂

改變自我認知就能使自己重拾快樂。面對生活我們有太多期待，對先生的期待、對小孩的期待，甚至對工作的期待，但這些期待究竟是否正確、能否適當傳達給對方、與對方是否在同一個頻率上，這些都很重要。

與其對他人抱持過大的期待，倒不如將期待著重在自己身上，會活得比較開心。因為我們無法控制別人的想法，將期待變成雙方的共識就得靠溝通，不要認為對方一定都知道我們在想什麼。

多給自己一些鼓勵，隨時修正目標，就能重新掌握人生。年輕時訂定的目標可能受周遭接觸的環境人事物影響、同儕比較心理影響，認為別人擁有的，自己也該要有，也有些目標已不合時宜；又或許時機未到。

我開始有想生小孩的念頭，也是嘗試了五年才成功，期間歷經了許多波折，最後在接近三十五歲才生下孩子；但我覺得這個時機非常好，因為相較於年輕五歲的我，心智、情緒的成熟度及溝通能力都跟五年前截然不同，我相信此時的我比年輕時更有資格生養孩子、成為孩子的榜樣，或許這才是上天讓我嘗試了五年才順利懷孕的真正原因。

曾有雄心以公司IPO為目標的我，現在卻反而是在做Podcast，經營一個小小的粉絲團跟媽咪學習社群，變成大家的朋友，這所有的一切都不在我人生的規畫之中；我的心境也在這幾年內慢慢轉變，這些境隨心轉的寶物才是如今能讓我過得幸福的樣貌，之前所設定的那些目標，我真的完全都不在乎了。

所以說，如果你也有一個心目中的理想目標，請慢慢一步一步前進，不要輕易放棄。同時記得要原諒自己，當真的非常努力嘗試之後仍不成功，那有可能是方法不對或是時機不對，就別再把責任都往自己身上攬，只要確實慢慢的一步一步往理想前進，把焦點專注在自己的進步上，為自己的進步開心，維持這種雀躍的感覺就夠了。

隨著年齡越大，朋友卻越來越少。以前生日我們可能喜歡舉辦豐盛的生日派對，才覺得有存在感，但現在隨著年齡漸長，好像也沒什麼人會幫自己過生日了……

其實，真心的朋友一定會有，雖然似乎越來越少，因為時間讓朋友之間彼此有了差異，人生的路上走著走著可能興趣就不同了、性格變了、甚至因社會地位差距拉大了而產生距離；但真正的朋友不需要常常見面，常見面一起吃喝玩樂的也不見得是真朋友，反而是願意伸出雙手支持你的人才是值得珍惜的。

我在上一本書出版的時候發現一個很有趣的現象，我有一些好久不見的朋友默默的買了我的書，三本、十本的買來送人，事後才默默的問我可不可以幫忙簽書；也有一些朋友會開口：「你很沒意思耶！出了書都不會拿來送大家喔？」

我認為交友無須流於形式，但一定要真誠善良。那些跟你稱兄道弟，卻只想要從你身上拿到好處而不願付出的人，當他過客也罷，失去了也毫不可惜，唯有把自己放在心上的人才真正值得珍惜。

現在我變得喜歡過生日了，因為我越來越愛現在的自己，藉由生日提醒自己現在的年歲，就能知道自己距離目標還有多少時間追求夢想，然後再給自己一些鼓勵，繼續努力就能達成自己設定的目標。

．第7章．作業練習．

✓ 回想你曾經經歷過哪些刻苦銘心的挫折／人生中最痛苦的時刻。

✓ 現在想起那些畫面，你有什麼感覺？

✓ 金句：刻苦銘心的失敗才會有效帶來成功。

Social responsibility

“

社會責任

”

Chapter Eight

8.1

回饋，為善要人知

讓正能量廣為流傳

美國史上第一位億萬富翁洛克斐勒（John Davison Rockefeller）說過：「除了做正確的事，最重要的是讓別人知道你正在做正確的事。（Next to doing the right thing, the most important thing is to let people know you are doing the right thing.）」

世界知名的石油大王洛克斐勒，一度掌握美國百分之九十的石油市場，五十五歲時發現身體出狀況，而選擇退休投入慈善事業，一直到九十八歲去世為止。洛克斐勒主張行善要像商業活動一樣，建立起有效率的制度，做正確的事情要為人所知，才會有更高的成效，這一點改變了我對於「為善不欲人知」的想法。

從前的我也認為「為善不欲人知」這樣的默默行善才是真行善；但弔詭的是，若大家都不知道你的善舉，只有為善者偷偷摸摸的行善，並滿足於自己的榮譽感，這樣的善行將永遠無法發揮影響力，唯有集眾人之力，號召更多人一起行善助人，才能將善行做到一定規模。

為善究竟要不要人知，我認為關鍵在心態。為善者不應在行善的過程中刻意在受助者面前彰顯自己，否則就是藉由貶低他人獲取自身的優越感，反而將造成傷害。行善背後可能的動機太多，有人想大肆炫耀，有些人想做善事積福德，或從中得到成就感，也有人天生心軟樂於助人，無論是利他或利己的動機，行善者畢竟還是釋出了自己的資源。

若想透過行善來解決社會問題，那麼單靠一個人的力量想必是不夠的，需要整合資源，讓更多人獲得幫助，也因此我逐漸改變了想法，贊同「為善要人知」。至於究竟是否為真行善，其中最主要的關鍵就是——行善是否出自於真心。

我們常常看到有企業或團體在做公益時，會被人批評：

「企業只是為了要節稅，又不是真的做公益。」

的確，企業舉辦公益活動除了節稅，還兼具行銷功能，但企業成立基金會等公益部門也需要投入資金及人力運營，那也是一種付出，更何況有些企業確實因創辦人的初心投入公益，實質帶來幫助；如果看到企業做公益就認定只是為了節稅或是做形象，我覺得這種說法有失偏頗；況且企業體制越大，能給予公益單位實際的幫助也大，影響力更大，那些受到資助的單位是實實在在的獲得了幫助。

我自己認識一位叔叔，身為上市公司董事長，跟一群老闆成立了教育基金會幫助無法受教育的青少年，在接近退休的年紀，沒事就跑去偏鄉學校做義工，並且結合大學的社工系投入偏鄉教學，同時號召身邊的企業家朋友們一起捐贈偏鄉學校協助校園重建計畫，一人一年資助一間學校上百萬資助額，這不是我們一個月捐贈五百、一千可以做到的事情，相當值得敬佩。

這幾年CSR、ESG的概念抬頭，越來越多公司爭取成為B型企業，它們並非立志成為「世界最好的公司」，而是立志成為對地球友善、對人類友善，而成為B型企業必須經過層層的認證，且每三年要重新認證一次，落實拒絕在生產過程中產生污染環境、濫砍伐，願意付出較高的成本，做對社會、對人類好的事情來賺錢。光是在台灣就擁有三十多間的B型企業，包含綠藤生機、鮮乳坊、茶籽堂、臺灣藍鵲茶、淨毒五郎、玩轉學校……等，大家可以自行上網查詢。

這些案例都在告訴我們：「這些企業如果賺不到錢，就無法持續善的循環，**想要做善事，擁有影響力並擴散愛心，會更有力量。**」

人身處在群居的社會中，若我們對這個社會總是冷漠沒有關懷，當世上又多一個對這個世界冷眼旁觀的人，那麼將來當我們有需要幫助時，還會不會有人願意無償的伸出手來拉住我們？

我自己則是發起了「媽媽晚讀時光——媽媽永續成長支持計畫」，這是希望媽咪們可以透過每一天不限環境領域的生活累積，一點一滴透過學習來改變人的想法觀念，進而改善生活，為了要讓媽咪們在不知不覺中把學習培養成習慣，我相信，每天只需進步一點點，感覺就毫不費力，從每個月兩次的分享小聚，提供多元觀點，讓大家有機會突破原有的框架，潛移默化的增強信心，活出自信與夢想。

只要持續學習，並擁有一個良善的朋友圈做最堅強的後盾，透過學習解開束縛，就能做個快樂的非典型媽媽。教育是翻轉命運最關鍵的要素，我們也提供免費線上／線下學習資源，協助社會各階層家庭改變。雖然我個人的力量極為渺小，但只要能有機會讓多一個家庭翻轉，都是我衷心的期盼。

> 想透過行善來解決社會問題，單靠一個人的力量想必是不夠的，需要整合資源，讓更多人獲得幫助，也因此我逐漸改變了想法，贊同「為善要人知」。

8.2

喚醒心中的小孩

何妨保持童心？

我開始有機會被看見，是因為談論「理財」這個話題。而理財，聽起來就得很穩重、很理智、很分析腦；雖然我在ＯＮ的工作狀態下極度集中精神，但其實當我在ＯＦＦ非工作狀態時，是神經很大條的，工作結束後，大腦運轉的速度急遽下降，所以私下認識我的朋友都知道：我容易迷路、走路蹦蹦跳跳、沒事就喜歡哼哼唱唱，跟小孩一樣。

太多的不快樂就是源自於太聰明，以至於聰明反被聰明誤，凡事糾結放不下，往往批判的感受一多，就容易感到悲傷；而小迷糊看似糊塗，凡事不計較，反而能傻人有傻福。我們若能適時的放鬆自己、偶而瘋狂一下，不要斤斤計較、無須事事嚴謹，一旦對自己生命的滿意度提高，就容易活得更快樂。

我每天最喜歡跟兒子一起來場熱舞，孩子會主動關上燈，開啟七彩霓虹燈跟我下戰帖：「媽媽，我們來 battle 吧？」接著，我們使出渾身解數，來回尬舞，全身貼滿螢光棒在屋子裡關燈跳舞，不用在乎舞步美不美，全心跟著節奏搖擺，讓自己像孩子般開心亂跳，那種快樂讓我們全身放鬆，感覺比去享受按摩 SPA 還要快樂。

我曾有段時間住在加州，住家離迪士尼樂園 Disneyland 開車大約四十分鐘，所以我跟室友買了 Disney 年票，常常去玩。去過 Disney 的朋友應該都看過他們很有名的大遊行。

我總看到外國小孩落落大方、沒有包袱的展現自我，而華人小孩則多半害羞，扭扭捏捏；這可能是源自於華人儒家思想的「溫良恭儉讓」，但其實在高度競爭的環境中，仍需要適時展現自我，才有可能發揮影響力。因此我在孩子還小時就鼓勵他：「勇於表達自己的意見。」一樣米養百樣人，認清我們無法滿足眾人的期待，也無法左右他們對我們的看法，何必過度在乎別人眼光？

相信大家在年輕時一定都曾幹過一些快樂無比的蠢事。

高中時我跟學校同學一起去英國遊學，在 Nottingham 的 Old Market Square 玩剪刀石頭布，輸的人要在人來人往的廣場中間打八段錦（當時學校規定全校師

$ 珊迪兔的瘋狂清單 $

1. 帶孩子去看極光
2. 到山頂上大叫
3. 去非洲看動物
4. 到TED舞台上演講
5. 錄一首自己的單曲
6. 到巴西參加嘉年華會
7. 帶孩子一起去清水斷崖滑獨木舟看日出
8. 隨便買特價機票做一次沒有規劃的旅行
9. 幫助無家的孩子做長期的公益
10. 跟孩子一起培養共同的運動興趣
11. 帶著孩子環島旅行

生每天都要做的氣功晨間運動）、模仿各式各樣動物求偶的動作耍笨、舉辦音不準歌唱比賽——拍子最不準的人贏，現場一首比一首唱得還難聽，超好笑……這些蠢事真的能讓人暫時忘卻煩憂、擺脫包袱，啟動分泌快樂多巴胺。

我也相信，在媽媽照顧孩子的同時，也需要照顧自己內心的小孩，讓自己回到天真無邪、無拘無束的自己。我認為親自帶孩子的媽咪特別容易進入這樣的狀態，因為在孩子面前媽媽沒有包袱，大可不必在意維持形象，只需輕鬆做自己。我們這輩子最需要負責的就是做最好的自己，只要對得起自己的內心，無須在乎其他人的眼光。

不需要每天滿滿的待辦事項來證明自己活得很有價值，事實上，光是每天起床還有呼吸就是件值得感謝的事了。

無論你正在做什麼大事業，沒有什麼比自己跟最愛的家人都幸福更重要的了，如果我們執著於那些表象的成就，就很難享受每天的生命。忙得沒時間停下來喘息時，做一些難得糊塗的傻事來放鬆自己，獲得平靜吧！

能有一刻完全任性的做自己，什麼都不想，無憂無慮的快樂，那真是無比幸福的體驗。

若你身旁的伴侶正能好能百分之百包容你、讓你做自己，那麼你真的是世界上最幸福的人了。

切記！我指的做自己的「任性」不是為所欲為，而是重視自己，在不傷害

他人的前提下愛自己。

列下你「想做而沒機會做」的瘋狂清單，看看自己這輩子能完成多少。每個人都有自己專屬的清單，人人不同，有人生來嚴謹，也許「環島旅行」甚至「去KTV唱一首完整的歌」就已經夠瘋狂；有些好奇寶寶可能「徒步橫跨沙漠」、「在冰川睡一晚」才叫瘋狂。

最簡單便能讓你解放自我的方式就是——請孩子來教爸媽跳他最喜歡的舞，把音樂聲放大，並模仿孩子的舞步，只要肯丟掉包袱，你就能嚐到這心胸開闊的舒暢感。

．第8章．作業練習．

- ✓ 現在就立刻想一件從沒做過的事情，七天內執行完畢。
- ✓ 金句：當你接納自己的一切，快樂就離你不遠了。

Next generation

"

跟孩子一起，

傳承你的

「增值力」

"

Chapter Nine

身為家長該知道的事

9.1

你的孩子不是你的

〈孩子〉

你的孩子不是你的，
他們是「生命」的子女，是生命自身的渴望。
他們經你而生，但非出自於你，
他們雖然和你在一起，卻不屬於你。
你可以給他們愛，但別把你的思想也給他們，因為他們有自己的思想。
你的房子可以供他們安身，但無法讓他們的靈魂安住，
因為他們的靈魂住在明日之屋，
那裡你去不了，哪怕是在夢中。
你可以勉強自己變得像他們，但不要想讓他們變得像你。
因為生命不會倒退，也不會駐足於昨日。
你好比一把弓，
孩子是從你身上射出的生命之箭。
弓箭手看見無窮路徑上的箭靶，
於是祂大力拉彎你這把弓，希望祂的箭能射得又快又遠。
欣然屈服在神的手中吧，
因為祂既愛那疾飛的箭，
也愛那穩定的弓。

——摘自卡里．紀伯倫（Kahlil Gibran）《先知》

曾經我在 YouTube 上看過一個短片，叫做《世代教育大調查》。它是一支實境採訪剪輯而成的廣告影片，在影片的一開始，家長們都會收到一張問卷，內容是「學生時期，你最討厭哪些事？」家長們幾乎每一項都打勾，童年時不被信

任的感覺、爸媽的碎唸、逼功課、比較、不尊重等等，每位家長換位思考、回到學生時期，都有很多的苦水要傾吐，那些看似事過境遷的事情，回想起來仍歷歷在目，所有的回憶和情緒湧上心頭。

父母對我們的影響、曾經受過的傷，都還記憶猶新，有趣的是，在場大部分的家長都認為自己很開明，不會做出這些傷害孩子的事。

鏡頭一轉，大螢幕上忽然播放著孩子們錄製好的影片，這時換孩子們傾訴父母對自己的不信任、比較、不尊重，甚至保護過度，因為時代變遷，孩子們的境遇雖然跟兒時的自己不同，但心情居然是一模

世代教育大調查

https://fb.watch/jgTiDDLfsJ/

一樣的，家長們自己在學生時最討厭、最耿耿於懷的事情重現眼前，而眼前的那個人居然是自己的孩子，這是多麼大的衝擊。

這一部廣告影片在最後有了很棒的結尾，導演要孩子們寫下父母帶給他們印象最深刻的開心時刻，孩子們幾乎都會寫到讚美，而這些讚美往往都是一些微不足道的小事，甚至有很高比例的孩子是為了帶給父母親驕傲而讀書。

「爸爸曾經在我國小的時候說我很會騎腳踏車，這讓我一直都愛騎車。」

「有一次你說我數學考很好很棒，所以我對數學很有信心。」

這些小小的讚美不知不覺的改變了孩子的一生。

父母的人生經驗直接影響子女教養

記得我國中時，因為數學成績不好，父母動用了關係，把我安插進一間有有名的升學補習班的資優班，希望能激勵我學習。

將一個連在普通班成績僅中等的我，放進一群資優生裡一起唸書考試，每次成績都墊底的自卑感，外加那個年代幾乎每個老師都體罰，答錯還要站起來被老師當眾打手心……我曾明確表達不想補習的意願，但母親仍執意要我再努力試試看。

當時的我非常不快樂，最後我選擇做出無聲的抗議——我把補習班的書包跟

講義全部都剪碎了丟進垃圾桶，父母這才意識到我的意願有多麼強烈。從此以後我變得更不愛讀書了，連續五個學期數學都不及格；哪能料到出社會後的我竟然會因需求而重拾書本，之後還出了一本理財書並教授理財課程！這使我身邊的朋友都非常訝異。

我親自了解到，只要保持好奇心，培養孩子愛上探索新知的喜悅，當某天他有需求、有興趣，自然會克服萬難、主動學習。

身為家長，我也免不了為孩子未來的競爭力擔憂，希望孩子可以贏在起跑點。然而，花錢讓孩子去上昂貴的補習班，讓孩子每天唸書唸到昏天暗地，但成績和硬知識真的是對孩子未來發展真正重要的事嗎？

我在創業圈遇見這麼多創意發想人才跟優秀的前輩，我發現沒有任何一個人是被迫讀書而最終獲得成就、活得開心自在的；那些被迫唸書、功課很好的孩子，都習慣被支配，對他們來說，凡事都有正確答案。

的確，他們擁有很強的知識和技術，但卻沒有自己的想法，只能成為大企業中的小螺絲釘，而真正在就學時代想法很多、一天到晚因突破框架被處罰、不被看好的同學，反而會為了完成自己的目標而特別用功，為了要驗證自己的想法而努力學習，最終拿到碩士甚至博士學位，就算有些人沒有繼續升學，也能用社會經驗累積自己的事業成就，儘管學歷沒有很高，但學習力超群。

我自己是聯考時代的末代學子，在那個填完志願在分發前都不知道自己會唸哪個科系的年代，很多父母會要求孩子，先把國立大學所有分數可能搆得上的科系全都填過一遍，等進學校之後再轉系，圖的是好學校畢業，找工作比較容易，這也是升學主義建構出來的價值觀。

還好，我的父母從沒要求我找份好工作。

還記得學生時期，有次看見我妹在生悶氣，把自己關在房裡不肯出來；了解情況之後，原來是因為她想跟同學一起去星巴克打工，那可是當時時尚文青們的嚮往，然而不管我妹再怎麼拼命爭取，我父親就是不同意，他要我妹想像自己是咖啡廳經營者、未來可是要經營咖啡廳的人，否定了我妹的選擇。

雖然對我爸的想法我並不全然贊同，我認為還是要一步一腳印的累積相對經驗，而打工確實是學習累積的重要機會，這絕對是人生中的重要歷程。

若換做是我的孩子要打工，我會先引導他培養觀察力，留意打工期間觀察的重點有哪些，培養溝通、規劃、甚至領導力，那麼他就能在賺到鐘點費的同時，得到非常厚實的學習機會。

毫無意外的，我們家的孩子在學生時期想打工，總被父親拒絕，只能留在自家餐廳幫忙，但也因此，我們很早就了解——想賺錢，除了找份好工作之外，還有其他選項。

孩子面對的是我們不認識的未來

父母親是否具備創造「除薪資外的其他收入經驗」，將直接影響他們培養孩子的教育觀。

這點無關學歷，也無關職業成就。如果父母未曾創造過薪資以外的收入，那麼對收入的理解就會比較單一，自然就會要求孩子得好好唸書以進入大公司，因為那是父母人生經驗中，唯一能過好日子的方法。

我甚至還聽過有父母縮衣節食，就算借錢也要讓孩子去補習的，孩子唯一的任務就只有讀書，除了成績之外，所有事父母都打理得好好的，完全不用孩子操心，導致到了最後，孩子在生活常規、溝通能力、開創能力上通通被封閉了，甚至對父母的付出覺得理所當然，成了一個考試機器。

對想引導孩子與時俱進的父母來說，擁有「多元收入」的經驗尤其重要。

在上一個世代，或許我們真能靠學歷跟一份穩定的工作安身立命，但我們的下一代所面對的是瞬息萬變、必須和全世界競爭的環境，如果還只會背誦課本、解數學題，用成績論成敗，沒有獨立思考的能力，未來就算到了大公司裡，也很難成為出色的管理人才。

如果父母不曾擁有「多元收入」的經驗，不會懂得從想盡辦法克服問題的過

▲弟弟阿駿日常帶著妹妹的兒子做實驗、找答案。

程中擁有靈活應變的思維、擁有強勁的執行力、知道如何分配資源、換位思考、社交能力、資源統整、共好思維，甚至挫折忍受度，承受失敗打擊的能力都會比較高。當身為父母的人生經驗太有限，以至於不知該如何突破框架，很可能就淪落為「被選擇」的一方。

我們都想培養孩子成為一個有獨立自主想法的個體，身為家長本人也得有自己的見解。人生就是一連串的選擇，知道自己真正要的是什麼，並分析擁有的資源與環境，找到達成目標最適合自己的方法，這些都是可以在「創造多元收入」的經驗當中獲取的。

我們是想讓孩子成為一個成績很好，很會考試的人，還是懂得賺

錢、能好好過生活的人？當然我並非認為學歷不重要，畢竟這個社會很現實，在個人還沒累積實績成為 Somebody 之前，我們第一眼也只能看學歷，但我們不該將目標放在取得好成績上，而是著重於「知識的學習」，讓孩子有更多機會累積自己的生活經驗，那將比書裡的知識更加迷人、且令人印象深刻，這就是所謂的體驗學習啊！

學歷跟知識可以換得一份工作，但若能真正知道自己為何而學，甚至能為自己的目標充實知識，真正投入學習，才能成就自己。

我有一個很要好的朋友，是一位二寶媽，從小就是學霸。求學期間一路唸到台大研究所畢業，唸書對她來說不是太難；當然憑她的高學歷，自然也能順利找到一份不錯的工作，當她三十出頭歲結婚生了兩個孩子，成為家庭主婦之後，就離開了職場。

而讓她可以完全不用為收入擔憂的先生，則是畢業於一間講了名字都不認識的專科學校，由於很早就踏入社會開始從事業務工作，讓他有相當優異的溝通能力與商場經驗，最後創業成為企業老闆，並擁有二十多位員工。

我常在想，如果未來世代的競爭力，是源自於經營者面對市場變化能否靈活應對、對市況有自己的想法及創新思維並有能力實踐，那我們究竟該教會孩子什麼，才能使他擁有真正的競爭力呢？為此，我們更該重新思考孩子的學習重心。

地球村的時代，未來我們的孩子可能會身處世界各地，與全球的子民相處；也許在英國讀書、法國工作、最後到瑞士生活，他們的世界將越來越寬，越來越大，越來越無法被框架。

如果習慣住在框架裡，一旦喪失了應對世界變化的能力，就算成績再好，但綜合能力不足，空有知識而無法施展，那該有多可惜啊！

只要保持好奇心，培養孩子愛上探索新知的喜悅，當某天他有需求、有興趣，自然會克服萬難、主動學習。

我們都想培養孩子成為一個有獨立自主想法的個體，身為家長本人也得有自己的見解。

9.2 理財教育越早越好

從0歲培養孩子的金錢觀

身處於資本社會下，每個人只要呼吸就需要用到錢，這麼重要的工具，在我們小時候卻沒有人教我們該怎麼正確使用它，這是因為大部分的人被訓練成工作者，而非生活實踐者。

傳統教育告訴我們知識的重要性，是為了要找份好工作；學校教育出許多能滿足社會最大宗需求的「勞動人口」，然而事實上，知識本身的重要性遠大於找一份好工作。我認同讀書能提升人的眼界、拓展思維；確實，好好讀書是提升自己一個有效率的方法，但其目的並不是找到好工作而已。

關鍵是找到自己的天賦！

讀書不見得需要背誦正確答案來尋求高分，而是透過理解並運用知識，親自去發掘問題原因、找到解答；用功讀書不是為了比成績，而是希望我們在將來能擁有更多的選擇權去過有意義的生活。

在過往的教育體制下需要培養大量勞工，不懂得重視金錢教育也是很正常的，反正學科也不會考，因此我們不習慣關注金錢教育。以往談到錢，長輩都會跟我們說，要把錢存起來：「儲蓄是美德。」因此台灣人特別愛把錢存在銀行裡，但不知道怎麼運用金錢。

我認為理財這件事情是無法委託出去的。

你可以委託會計師幫你做帳，但是你不能委託他幫你判斷怎麼用錢，錢該怎麼花只能自己學、自己做，學習良好的金錢觀念，運用理財策略作出規劃，讓財富能逐步積累。理財是每個家庭都需要的技能，尤其特別需要依賴父母的引導，童年時期建立的金錢觀將深深影響孩子，必須由父母自願投入時間來培養孩子的理財觀念。

金錢是人生的重大課題，引導孩子從生活當中一點一滴的累積，從認識金錢、金錢價值、金錢與工作的關係，一直到使用零用錢、編列預算、儲蓄投資，甚至是保險……漸漸的建立孩子的能力。

現在的金融公司服務變化萬千，各種以糖衣包裹的陷阱充斥市場，如果我們

的孩子沒有判斷的能力，有可能會因為誤判而造成財產損失，追本溯源就是打好理財的觀念基礎，能依據經驗做出正確的判斷才是根本。

理財教育其實也是人生教育，它不是學科，但是仍相當重要。

我早早就決定，等孩子長到可以合法打工的年齡，就要讓他打工賺錢，負擔部分學費跟家計，對他自己的生活負責，也是體驗教育的重要過程。

就算因此會壓縮到他唸書的時間，但這同樣是我們以不同形式帶給孩子的人生教育，而且我認為，這甚至可能比書本上的教育更有必要；在父母還有能力支應他的同時，先把該犯的錯跟困難都遇過一遍，等將來父母年長之後，孩子就得自行面對未來人生中的成婚、生子、組建自己的家庭之種種考驗。

成為孩子的同學

如果父母缺乏理財觀念，那麼正好可以為了教育孩子一起學習，從地基打起。理財本身就是生活的一環，觀念從幼兒時期就可以開始建立。我自己是在孩子一歲半開始帶著他認識硬幣，起初他只是覺得銅板有聲音很好玩，但是身為媽媽的我告訴他，錢不能當玩具，要乖乖放到存錢筒；到兩、三歲的時候教他如何做出價值判斷。

在孩子兩歲多時，我就會跟他討論購物的邏輯，媽媽今天要買什麼、為什麼要買豆腐、為什麼不買可樂、這次購物要買什麼、怎樣可以更省錢的達到目標，孩子會學到思考邏輯，到我兒子剛滿三歲時，他還是會在超市亂拿東西放進購物車，但經過解釋之後，他多半願意配合將不需要的東西放回架上，雖然偶而也會鬧脾氣，但他已開始能聽懂了。

我會詳細告訴他為什麼，例如牛奶，百分之百生乳跟百分之五十生乳價格的不同，雖然外包裝看起來幾乎一樣，但是實際價值不同，所以媽媽願意選貴的，讓他跟我一起讀價格標籤認數字；只要不間斷的堅持重複這個過程並養成習慣，孩子長大之後自然會理解什麼該省、什麼該花，還會懂得解讀自己需要什麼。

我兒子在四歲時就跟著爸爸一起規劃媽媽的母親節禮物，買卡片需要多少錢、買花需要多少錢，我們剩下多少錢可以用，這對孩子來說就是個小小的專案了，開始有企劃跟預算的概念；國小的孩子則可以開始跟著爸媽一起做專案計畫，例如家族旅行的旅行規劃，如何控制支出，聰明消費，從單次預算開始做起，等有了預算規劃的概念後，就能開始嘗試規劃長期日常生活預算。

培養孩子開始喜歡存錢，讓他們體驗帳戶數字長大及目標達成時獲得成就感的喜悅。

在這個階段的孩子還沒有辦法看到太長遠的未來，所以談論未來會比較無感，因此我們可以給孩子一個短期的目標，培養存錢習慣，例如：存足夠的錢買自己喜歡的玩具，設定一個短期目標，讓孩子慢慢達成的同時，也告訴孩子什麼

叫延遲享受，練習一次又一次的習慣延遲享受；等他們長大之後，就能為自己做出長期規劃的目標而不感到委屈了。

孩子及早透過家長的引導，就有能力提早獲得管理金錢的能力，學會財商知識，生命中的波折就會少很多。

畢竟我們生存的每一天，食衣住行、醫療、教育、娛樂……通通少不了金錢參與生命的所有階段，孩子長大之後經濟能夠獨立，能自立好好生活，不至於成為啃老族，讓孩子將來能聰明運用金錢，不至於為金錢所苦。理財本身就是一種生活樣貌，花錢的方式在在充斥著你的價值判斷、生活態度跟習慣，將影響孩子一輩子。

孩子及早透過家長的引導，就有能力提早獲得管理金錢的能力，學會財商知識，生命中的波折就會少很多。

9.3 成為孩子的榜樣

媽媽是孩子最初的老師

記得我國中時，在家中的餐廳常常被分配到顧電梯的工作，引導客戶前往正確的樓層，也因此養成我進出電梯都會先用手擋住電梯門讓大家先行的習慣。

某天我突然發現，我剛滿四歲的兒子也養成了這樣的習慣；電梯門一打開，他就用小小的手擋住門，還會擺出「請」的手勢，等所有人先出電梯。身高才一百零五公分的他這樣的行為，往往造成大家擠在電梯門口，因此我常常得護著他的身體，讓別人先過；但是我為此感到十分驕傲，我從來沒有要求過他這麼做，甚至從未特別解釋過我為什麼這麼做，但他就是學起來了，這件事情讓我印

象深刻。

當了媽媽之後，為了自己帶孩子，我斷捨離了很多以前的理想，失去了一些工作及社交的機會，當時的我當然也可以選擇請保母帶小孩，但我就是滿腔熱血的認為自己能做到兼顧工作跟孩子，我想跟孩子一起成長，現在的我很感謝當時的自己做了這個決定，在孩子幼兒時期建立起的親子關係，能讓孩子擁有巨大的安全感。

第一次當媽媽很多事都不懂，我常求救身邊的朋友，幸運的是，我身邊有幼教甚至特教背景的朋友，有兒童職能治療師，還有育兒雜誌作家，遇到困難我就發問，大家不約而同的都會告訴我「身教」的重要性；我發現，當了媽媽之後，我擁有更強的動力想要讓自己變得更好，因為孩子會模仿我們的行為舉止、觀察我們的一舉一動，所以只要我成為一個更好的人，就能成就我的孩子。

在你生氣的時候會不會亂發脾氣、甚至是摔東西？還是會好好說？面對困難的時候是放棄還是想辦法克服？犯錯的時候是推卸責任還是勇於承擔？對父母是敷衍還是孝順？是否真誠的對待身邊的人？有沒有不良的習慣？這些真的很難用「說教」的方式教會孩子，只有身體力行，成為孩子的榜樣，他們才有辦法學會。

為此，我們需要刻意學習，並且更需要勇氣。從我有記憶以來，就是個自尊心強的小女孩，害怕丟臉、害怕失敗，直到現在才發覺，以前自己做不到的事情其實只是因為自己不想學。我是家中的長女，我的父親一直很保護我，怕我摔跤，因此不讓我學騎腳踏車，導致我現在不會騎腳踏車、更不會騎摩托車，送孩子上下學超麻煩的。

但是回頭細想，以我這種勢在必得的個性，十九歲就瞞著我爸考上汽車駕照，在美國沒人管，還不是開著車跨越美洲？這樣看來，我想小時候應該是自己不願意練習腳踏車，害怕跌倒會痛，自己放棄的，而爸爸的擔心正好給了我不用堅持的藉口。直到今日，我得重新跟著孩子一起學習騎腳踏車，看著孩子學得比我還快，心中滿是欣慰。

很多人幻想著出類拔萃、一步登天，但真到那時，心裡卻掙扎著不敢要，機會不可能自己降臨，因此我們活得不快樂，只能羨慕別人，默默的感嘆自己的不幸——但其實這一切都是自己造成的。「台上一分鐘，台下十年功。」這話不是騙人的，只要別人所吃過的苦、熬過的日子，我們也願意承擔，就有機會把人生變得更好。

我發現那些人生過得很苦的人，通常都不太願意改變，所以無論歷經了多久時間，回過頭來看，日子都仍一樣苦。人生中有太多事情需要改變才能有所不同，當只需要改變一點點習慣就覺得太麻煩了、太遠了、太燒腦了、太花時間了、太累了、太冷了、太熱了、改天再說吧，這些改天再說的事情通常就被遺忘了。

十歲的我沒有學會騎腳踏車，三十八歲的時候就無法騎腳踏車送小孩上學；

學生時代的我們沒學好英文，出社會後就無法出國工作；心裡想變有錢卻從來不檢視自己的財務狀況，那麼想改善財務狀況也只是口號而已。

我認為有堅持的勇氣也是孩子重要的榜樣，你想讓孩子成為怎樣的人，自己必須先成為那樣的人，不要當孩子長大以後才後悔自己放棄太早、錯過太多，現在就開始跟孩子一起練習改變。

帶孩子學習貢獻

每年在為孩子準備慶生時，我都會提醒孩子：還有很多小孩他們的生日沒有辦法買蛋糕跟禮物，他們不一定能跟自己的爸爸、媽媽聚在一起，甚至生病了也未能治療，還有可能無家可歸……我們有那麼多的幸福，是不是可以幫助他們？

因此，從佑佑一歲開始的每一個生日，我都會發起一次公益活動，嘗試告訴他回饋的重要性，前幾年他還太小，根本不懂，但我決定持續這麼做，我相信當有一天他長大了回頭看，自然知道媽媽所要告訴他的那些人生重要大事，就在他四歲生日這年，終於成功開啟了以下這段對話。

在準備公益的活動同時，孩子問我：「這是幫忙誰？」「我長大也要幫忙。」讓他在為自己慶祝的時刻思考，他能做出什麼貢獻。

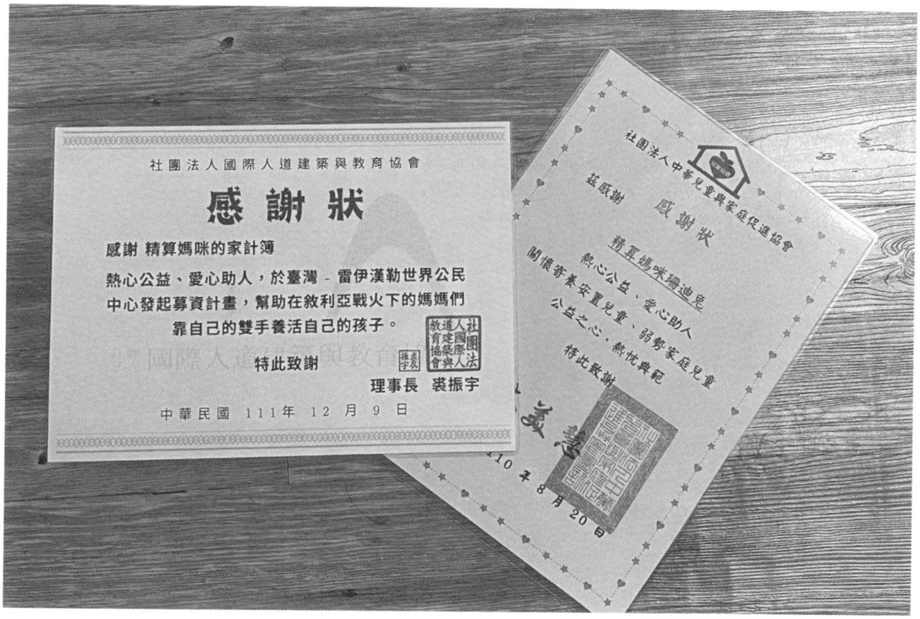

一歲時，募到的捐款我們共買了十三罐嬰兒奶粉捐給育幼院。

兩歲時，募捐了好幾箱尿布給中華兒童與家庭促進協會，幫助寄養家庭。

三歲時，感謝自媒體聯盟講師朋友相挺，聯合舉辦了線上公益講座，募資幫助寄養家庭。

四歲時，我們和臺灣雷伊漢勒世界公民中心合作，幫助戰火下的媽媽們靠自己的雙手養活自己的孩子。

隨著我的影響力擴大，募款的能力也越大，從第一年的一萬多塊到第四年的十多萬，真的很感動。

除了募款之外，平時在捷運站附近看見賣玉蘭花的老爺爺，我也

會請佑佑拿錢跟爺爺買花，我告訴孩子，雖然我們不需要這個花，但是爺爺年紀這麼大了還要出來賣東西是很辛苦的，我們跟爺爺買東西，他就可以賺到錢去買需要的東西。

在路邊看到募資的單位，我也會停下讓孩子聽他們解說募資用途跟目標，有時候會遇到特別有耐心的勸募人員，甚至會蹲下來跟孩子有來有往的討論，這時我也會請孩子親自投錢到捐款箱裡，並向他說明：因為社會上需要幫助的單位太多了，而我們自己本身也有固定捐款的單位，因此我們的捐款是有預算上限的，用完之後就不能再捐了。藉由這個機會也讓孩子學習到量力而為跟預算規劃。

這裡收錄了四歲的佑佑對於募捐的想法，歡迎有興趣的讀者收聽音檔。

佑佑對於募捐的想法

https://tinyurl.com/5ajzthua

讓孩子愛上閱讀

家長普遍都認為閱讀是個好習慣，但孩子不見得會買單，我認為最關鍵的問題是因為現在3C產品太方便了，以至於家長自己也沒有閱讀習慣，於是我們忙於滑手機、打電腦、看電視，買了昂貴的教材然後不斷催促孩子要讀書，甚至依賴點讀筆唸書給小孩聽……

孩子是需要「陪」的，家長需要引領孩子進入書本裡的世界，引發想像，甚至延伸話題，跟他們天馬行空的討論，不然小小孩們沒辦法自己乖乖坐著讀繪本，尤其是經歷過卡通動畫這類聲光刺激越多的孩子，越容易覺得不會動的書本無聊。

我從小孩四個月大時開始帶著他閱讀繪本，原本都是我唸他聽，到他兩歲會說話的時候改叫他唸給我聽，三歲時他已經很能思考了，我們開始進入討論：

「這個主角在做什麼？」

「如果是你是主角會怎麼做？」

四歲時他已經有蠻多本書唸得很熟悉了，這時我會再加入一些需要思考的內容，例如偵探、迷宮；爸爸也幫孩子辦了兒童借書證，在假日帶孩子去逛圖書館。

孩子自己在玩玩具或看電視時，我也會坐在他旁邊拿起一本書開始閱讀，小

孩很自然會靠過來問：「媽媽在看什麼？」

我就會跟他聊一下書裡面的內容，或是讓他也挑一本書來讀，雖然我兒子也常常拒絕我，然後跑去拼積木，但至少他知道「媽媽在看書」，而且看書是一件好事。

對生活充滿熱情

如果身為父母者沒有額外的休閒活動或是興趣，寧可在家看電視、打電腦、睡覺，也不帶孩子外出、怕孩子受傷。

天氣熱怕他熱，天氣冷怕他冷，都窩在家裡，孩子沒有機會接觸到世界的精彩，在這樣的環境中成長，自然而然就只能從３C產品中找到新鮮感，甚至產生依賴。

如果你認為你對生命沒有熱忱，對生活沒有期待，請立刻改變自己的生活方式，帶上孩子多出門走走。

孩子也能感受到你的活力，對外界也會充滿好奇。讓孩子出門活動筋骨、曬曬太陽，不僅增強抵抗力，也會讓孩子的視野更加開闊，種種好處，遠大於宅在家的生活來得多太多了。

時刻練習獨立思考

十多年前，我曾參觀過香港的法院與議會，當時看見國中、國小的孩子在裡面，在真實的場地按標準的議程開始進行議案討論。我看到的那場是一群國小三年級的孩子在決議「零用錢該怎麼發」、「下課時間應該要多久」，他們認真的討論得失、建立制度……當下我覺得相當感動。

當孩子自己經過討論得到答案之後，更容易明白為什麼大人會做出這樣的要求，這比靠懲罰和規定來得有效多了。由於我妹妹的孩子在英國唸書，我才知道原來英國的體制在國小就有學校議會來討論學校事務，我妹的兒子還在小學一年級時，經校園選舉當選了學校的議員，相當有趣。

在我們讀書的那個年代，還流於形式的背誦公民課本中的制度、法條，把結果背起來就能拿高分，缺乏引導孩子對公共政策形成等面向的思考，但其實政策的形成和人的需求有高度的連結，必須懂得聆聽他人的意見，理解對方的立場和思考脈絡，因此這個過程才是最珍貴的。

與人對話的前提是能夠「同理和包容」，練習對話必須從小就培養起，所有的事情不是年紀到了自然就會，必須要學習才會。當你自以為有在「跟對方對話」，事實上你只是在「講自己想講的話」，並沒有融合雙方的觀點互動，若一心只想證明自己才是對的，這根本不叫對話。

對周遭所發生的事情有自己的想法，並尊重別人的看法，使孩子習慣於發表自己的觀點，任何事情都行，並且以你跟孩子的綜合觀點做出結論。雖然每個人都會有自己的觀點跟立場，但是盡量客觀中立的做出結論，這樣孩子才能學會養成客觀且包容的態度。

孩子們必須學會真正能同理、思考，並懂得為自己的選擇負責任，因此家長時常和孩子展開討論並尊重孩子的觀點是非常重要的，先不論孩子們討論的內容品質如何、問題答案好不好，這都是很棒的開始；只要孩子們能夠從現在開始，用腦袋思考、明辨是非，就能理性客觀的真正為自己的未來著想。

勇於認錯

每個人都會犯錯，聽聽孩子的說法，讓孩子知道你能理解他；當我犯錯的時候，我也會嘗試跟孩子表達我的想法，嘗試讓他理解我。

我不是一個有耐性、脾氣好的人，年輕的時候也曾因為衝動，吃過不少虧，經過幾年的歷練和學習，現在的我修養有了改善，開始有人會跟我說：「你脾氣真好，真有耐性。」其實本質上個性急躁的我，還蠻容易生氣的。

尤其是陪孩子成長的過程中，很容易情緒失控，最嚴重就是每個月自己身體不舒服的那幾天，我吼過孩子幾次，但是一旦自己情緒平復之後，就立刻後悔了；我不想讓我的孩子學到我「隨便發脾氣」的壞習慣。

有一次，因為孩子執意要把椅子堆高高，然後爬上去，我好言相勸了超過十次，他仍然不肯聽，理由一大堆……結果其中一張椅子垮下來砸到我的腳趾頭，痛到我頓時間脾氣就湧上來，立刻大罵孩子。待我回過神來，只看到一個驚嚇不已的小孩在我面前開始放聲大哭，我立刻就後悔了。

我跟孩子說：「媽媽剛剛那樣發脾氣是不對的，媽媽跟你說對不起。因為媽媽剛剛真的非常生氣，把椅子疊這麼高真的很危險，還好剛剛椅子掉下來是砸到媽媽，萬一若砸到你，那怎麼辦？」

接著我緊緊的抱了他一下並問：「這樣你知道媽媽生氣的原因了嗎？」

我為了自己亂發脾氣向孩子道歉，但仍要告訴孩子，媽媽生氣是有原因的，希望他能知道原委，明白自己也有做錯事，當下孩子立刻也認了錯，跟我說對不起。

不論是大人或是小孩都會犯錯，重要的是，我們在自己犯錯的時候是否自覺，如果大人犯了錯始終都不肯認錯，孩子也會誤以為這樣的行為是可以被接受的，而學會「用發脾氣來達成目的」的這個方法。

不怕失敗，就擁有解決問題的能力

我的弟弟有一個 YouTube 科學實驗頻道，叫做《阿駿日常》。因為要拍片，他經常會在我家做實驗，常常一個三十秒的影片搞了四到六個小時還沒有完成，甚至有些實驗要持續驗證到兩週以上，畢竟我弟他不是本科系的學生，純粹是因為興趣而拍片，因此，做一個實驗必須得不斷測試多種變因，加上做足功課才能成功。

有一次，他想用小蘇打做出火山爆發的效果，但因為溶液比例不同，有時候熔岩慢慢溢出、有時噴不出瓶口，有時雖然成功，但畫面不夠理想或調色不像火山，必須反覆重來……我看著我弟帶著我兒子測試不同劑量，更換不同瓶口大小的容器，舅舅跟外甥兩個人忙得不可開交。

我兒子每次嘗試完就會從浴室跑出來跟我說：「媽媽，舅舅又失敗了。」

我問他：「舅舅有跟你討論為什麼會失敗嗎？有沒有試試看另一種可能成功的方式？」

試了好多方法之後，孩子很氣餒的跟我說：「媽媽，舅舅還是失敗了。」

我問他：「舅舅放棄了嗎？」

孩子：「沒有耶！」

「那我們就再試一次吧！」

由於舅舅每個星期都會拍攝新的影片，即便孩子上學不在家，舅舅也會多準備一份材料，等他放學回來，再陪他重玩一次，經歷過多次失敗，孩子也慢慢開始知道，失敗了再試一次就好，重要的是找出不成功的原因在哪裡。

遇到我也不懂的問題，我則會很誠實的跟孩子說：「這個問題媽媽也不懂，我們一起來查看看吧！」帶著孩子一起走過查資料、找答案跟討論的過程，讓孩子習慣思考並學會不依賴正確答案。

人生的終極目標是「快樂」

如果你還在抱怨生活，那麼請問問自己，你做了哪些讓自己生活變得更好的事了嗎？

如果想要使生活變得不同，就需要一個不一樣的自己；想要萬事如意，讓自己變好是最快的捷徑。

你是否幸福、快樂，是否成功，都是自己的感受；有人追求平凡安穩、全家平安，有人追求不凡與卓越。

我們每個人都是獨一無二的，走自己的路絕不會跟別人相同，找到自己的人生哲學，往快樂的終極目標前進。

與其抱怨，不如做些事讓自己變好吧！

對我而言，快樂就是接納一切的不完美，接納身邊發生的好事與壞事，接納身邊的人，接納不完美的人生。

每個人的人生客觀來說都不完美，但只要你主觀上認為它是完美的，你就能找到真正的快樂。

持續為自己增值，你能成為自己最強大的粉絲，並感受身邊的幸福。

$ 能讓自己快樂的事情 $

與其抱怨，不如做些事讓自己變好吧！

1. 深呼吸三大口氣
2. 享受安靜
3. 保持微笑
4. 聽喜歡的音樂
5. 跳舞
6. 唱歌
7. 每天閱讀一頁書
8. 保持學習動力
9. 釐清財務並做好財務規劃
10. 學一個新技能
11. 擁抱愛的人每天五秒鐘
12. 看電影
13. 泡澡
14. 按摩
15. 做公益
16. 寫下快樂的事
17. 跟孩子玩
18. 跟寵物玩
19. 寫一封感恩的信

20. 充足的睡眠
21. 健康的飲食
22. 保持感恩之心，每日寫下感恩的事
23. 旅行. or. 去大自然走走
24. 點精油
25. 跟積極的朋友在一起
26. 開拓新的朋友圈
27. 讚美別人
28. 給別人驚喜
29. 接受所經歷的一切
30. 和朋友相聚
31. 反省自己
32. 學習新的技能
33. 畫畫
34. 美好的性愛
35. 做瑜伽等伸展運動
36. 做一件自己不喜歡的事，突破自我
37. 斷捨離
38. 靜下來寫文章
39. 每天告訴自己「我好幸福」
40. 成為自己的啦啦隊

. 第 9 章 . 作業練習 .

✓ 準備一個籤筒，列出讓自己擁有好心情的快樂行動做成籤，心情不好的時候就抽一張。

✓ 金句：心境可以改變逆境，快樂起來了運氣就會變好了。

終生學習
使自我發光！

成長型思維為人生加值

人的一輩子都是需要不斷成長和學習，心境上的改變是擁有執行力的重要因素，一個轉念就能讓整個人生充滿價值感，擁有成長型的思維是為自己的人生加值和滿足自己期待。

透過擴展自己的知識和技能，一次又一次的為自己鼓掌、除了開創更多機會以外，心境上的輕鬆自在也會讓自己忍不住愛上自己的，因為鏡子裡的自己多好、多美、多值得被愛。

學習是人類一生的功課，從出生到死亡都不會有停止的一天，從出生開始學習吃飯、說話、走路、認字、長到了九十歲也需要練習使用新的科技，學習就是人生所有一切的基礎，關乎著接下去每一天的生活。

積極的主動思考，願意隨時隨地動腦袋，這讓我們能快速找到解決問題的新方法，有機會距離夢想越來越近；而願意用開放的心接受挑戰，能讓我們突破自我限制。

當我們的小成功累積越來越多之後，必定擁有更多自信和勇氣，就能夠克服更多困難和挑戰。

感恩的心和能力

「主動幫助別人展現自己的價值」更是能夠發掘機會的方式，最重要的一定要「擁有感恩之心」，積極在生活中尋找美好的經驗跟人、事、物，感恩的能力讓我們更加珍惜身邊所擁有的，讓我們內心不匱乏，同時也可以讓我們更加樂觀和開朗。

讓自己不斷增值的過程當中，無形中讓生命越來越豐富，擁有越來越多的能力。正是這些好的、壞的、開心的、難過的、挫折的、欣喜的經驗，讓我們更加強大，更加成熟也讓我們更加堅毅勇敢。

彈性的多元收入，幫助創造未來和幸福

此外，這些能力將為我們建造更多彈性的多元收入，身為媽媽的我們將大量的時間都花在家庭與孩子身上，我們可以慢但是不能停，因為我們是孩子的最佳榜樣。

在主動收入上，可以用合作的方式發揮自己的能力打團體戰，透過學習家庭理財知識來整頓財務，讓家庭經濟更健康，除了能增加彈性收入滿足家庭經濟外，在自我實現上，透過創造多元收入會更加自我肯定。

最終用自己的能力創造主動、被動收入，來實現更多的夢想和目標，進而貢獻社會，這些都能為家庭帶來更豐盛的結果，讓人生更加充實。

你可以創造出你想要的未來，活成自己想像中的模樣，但是需要現在立刻開始為自己增值，給自己多一點關心和愛。「立刻行動！」你的人生將會擁有更多充滿意義的痕跡，那些養分能夠滋養幸福的家。

精算媽咪・珊迪兔

Readers' Feedback

“

·附　錄·

會員讀者見證

”

www.sandytwo.com

Appendix

家計小白獲益良多

哈囉蜜蜜 Mimi 英文老師

聽到珊迪兔要出第二本書，令我心中雀躍不已，迫不及待的想趕快讀她的第二本書。

為什麼呢？因為她的第一本書，讓家計力小白的我獲益良多呀！

身為一個再平凡不過的媽媽，每每看到數字就開始覺得頭暈目眩，到市場買菜，詢價殺價通通都不好意思開口，說到記帳，腦袋瓜馬上失憶的我，在孩子漸漸長大後，開始意識到家庭經濟穩定的重要性，因為身為父母，總是想給孩子更多更多，除此之外，年紀漸長，特別是經過了新冠疫情，更珍惜人與人之間的緣分，家人的相聚時刻是格外重要呀！

回過頭來看，這基本都需要穩定的財務來支持，才能完成心中各種各樣的願望清單。

珊迪兔的 podcast 節目片頭有一段是這樣說的：「透過自身經驗的分享，讓你跟我打造屬於自己的理想人生。」

每次聽到這段話，我特別感恩，因為有她透過自身經驗的分享，如同閒話家常式的打開財務的話題，讓冰冷的數字有了溫度，變得平易近人，使得像我這樣的財務小白，卸下心中防備，願意面對財務現況，並透過書中提供的方法，一步步讓自己財務穩定，內在感到安心，同時，也明瞭下一個努力的目標為何。

有了確定的目標，制定可執行的計畫，一步步實現，這就是我在家計力學習到最珍貴的「豐盛有餘之法」。

預祝新書發行順利，能夠幫助更多家庭打造財務穩定，持續學習成長的幸福生活。

轉職全職媽媽 投資自己學習新技能

Vicky

還記得在職最後一天，與主管道別時，他笑著對我說：「接下來要在家相夫教子啦？」當下立即反駁，因為從小就認定女生要有經濟獨立自主的能力，壓根沒想過自己會有不上班的時候，心中盤算著待小孩新環境適應後，找個近距離的地方兼職也行。

是的，我現在是一位全職媽媽，感謝老天爺最好的安排，讓我剛轉職就聽到了珊迪兔的 Podcast，對於新職務很陌生的我，當初看到節目名稱「精算媽咪的家計簿」，以為全職媽媽要很會精打細算、省吃儉用才能整頓家計，加上育兒、自我成長等主題，覺得這節目會很適合我，就這樣我的生活中充滿著珊迪兔。

感謝珊迪兔在這麼重要的時刻影響了我，她總是帶著滿滿的正能量，不藏私的分享、鼓勵著大家，讓我從中學習到許多觀念，使自己的思維模式跟著跳脫，不再被舊有框架侷限住。向來嫌理財麻煩的我，現在最常關注居然是與理財相關的議題。有時會想著若不是恰巧聽到她的節目，會不會現在是一個全然不同的我？這個我會不會很後悔當初的抉擇？也許迷失自我感到自悲？或者對金錢極度沒安全感？可能為了錢導致夫妻感情失衡？還是對未來茫然恐懼早已重返職場了？

謝謝珊迪兔、Laura、Tina 共同創立的 MomPower，為了提供適合媽媽們的學習環境、達成翻轉家庭的夢想而不斷堅持努力，不論是從社群或者課程所學，都能收穫滿滿。雖然我的收入減少了，但是投資自己的時間大幅增加，這段日子所學，已超越在職時所接觸的範疇，每逢解鎖一項新技能時的成就感，實在不可言喻。

當然還得感謝先生的支持，讓我可以在閒暇之餘做這樣的安排，從開始時擔憂我不習慣，不時關心我「在家會不會無聊？」到現在只問我「今天要不要上課？」很珍惜現在能夠充實自我的時光。

開始學習時，會覺得把錢花在自己身上有些罪惡感，即使有積蓄，但認為接下來的自己沒有「產值」，經過學習後意識到「產值」不該單單由「薪資」來決定，現在反倒是感謝自己開啟了學習成長之路，就算不熟的領域，也不像以往的排斥，而會想嘗試能否發掘出不一樣的自己？藉由提升自己，讓我可以當個更

有智慧的媽媽、令先生放心的家庭財務長、分享更多所學的知識給有需要的人，我想這就是我現在的價值，這樣的自我成長勝過工作所換算給予的產值。

我們很幸運生活在這個時代，不用像傳統的全職媽媽，好似陀螺圍繞著家人打轉，選擇專心照顧家人，同時也別忘了照顧自己，不要中斷學習、吸收資訊，就不怕與社會脫節。

記得愛自己，讓自己增值，還有找到同溫層的夥伴們一起前行，相信在這裡可以找到的。

重新審視自己的理財目標

「聰明主婦的生活投資學」 聰明主婦

在學習投資的路上，我花了很長的時間自己摸索，雖然投資帶給我很大的收穫，但更多時候感覺到的是沒有盡頭的孤單。

某次偶然聽到了珊迪兔的節目，她的聲音活力有朝氣，我也開始默默關注她。後來她陸續發起了記帳活動，強調家庭財務健康的重要性，這也讓我開始思考，自己雖然在投資上已著墨多時，但在家庭財務上卻是「憑感覺」，缺乏整體宏觀的計劃，才會即使投資有獲利還是時常覺得沒有安全感。

後來珊迪兔與好厝推出了家庭財務長計畫，我便加入學習，完整的財務觀念不但幫助我重新審視自己的理財目標，在導入家庭財務觀念後，我在投資上也更得心應手了。

在珊迪兔的鼓勵下，我在「MomPower 媽媽商學院」平台上開設了美股投資的課程，分享投資的經驗，也展開了我生涯上的新旅程，我不再是一人孤單的面對，而是跟著許多優秀的媽媽們一起成長。

珊迪兔除了自己，也常常想著怎麼幫助更多的處境相似的媽媽，提供機會與資源，讓每個媽媽都可以在育兒與自我中找到平衡，繼續發光發熱、展現自我。

不管有沒有成家都需要學習家庭理財

城邦文化　媒體數位行銷講師　Evie

因為年輕時經歷過斷炊的危機，我成為了一個對錢極度小心，超會算錢，也很會管自己的錢的人，但是認識珊迪兔之後，我才發現理財的世界我還有好大一片空白。

我知道專款專用很重要，但我不知道從何下手規劃，就這麼一天拖過一天。《家計力》出版之後，專款專用那一章我看了特別多次，有天終於下定決心，一邊看一邊對著Excel，才終於做好專款專用的帳戶規劃；甚至我還把月預算一起做成同一張表，管帳更清楚更省事了！

珊迪兔教授的理財觀念就像是在打地基，雖然看不見炫目的萬丈高樓，確實最重要最不可或缺的安全基礎。

創造人生希望的理財教育

「EBM享受成為媽媽」運動發起人　平凡媽

我曾經是一個金融產業的逃兵，逃走的當下回到出版業，一心想從兒童理財教育著手，開始我的創業人生。

原因是當時身處金融業，夾在銷售金融投資商品、同時對金融從業人員和普羅大眾推廣理財教育中間，有著太多的無力和無奈，當時心想：「教大人太難了，理財是一輩子的事，應該從孩子學起……」

落跑十五年後因緣際會，我開始投入媽媽教育學習領域，沒想到最終還是回到「理財教育」的戰場，而且還是決定教大人，只是學員鎖定媽媽，因為媽媽的背影深深影響著孩子的未來。

讓我意外的是，十五年下來，財經媒體已經這麼成熟，教育學習資源更是因為科技工具和金融產業的發展，比當年更為普及，但是我身邊陷入財務困境的家庭，卻不比十五年前少。我身邊不是憑感覺或報名牌投資，而是確實從理財開始，一步一步在有意識的明白下，管理好家庭財務，進而針對人生財務目標進行理財投資行為的爸爸媽媽，還是相對的少……

大多數的家庭或大多數的人，都還是在「無明」的狀況下走一步算一步，就更不要說，已經兵臨城下的勞保破產壓力，未來十年龐大的中產階級即將面臨的退休困境！

珊迪兔的書《家計力》，珊迪兔的課程「家庭理財入門——家計力」，以及珊迪兔正在做的事「MomPower 媽媽商學院」，都讓我看到了希望。

一個家庭的責任絕對不可能全部壓在媽媽一個人身上，但是媽媽一旦對家庭理財投資有完整的概念，不只會影響她自己整個家庭的發展，也會默默的影響到孩子未來的家庭，因為目前家庭的分工，賺錢的人可能只有爸爸，但是不管媽媽有沒有賺錢養家，分配一個家庭財務收支的人，也就是家庭CFO角色，大部分還是以媽媽為重。

媽媽學習理財投資，尤其是自認為對數字無感，甚至是數理白痴的媽媽，要跨出第一步時，非常需要一個有著成功實務經驗的媽媽前輩，以深刻的同理心和溫柔的耳提面命，「手把手」的帶領著媽媽們，一步一步建立信心和養成習慣，一步一步透過表單和工具的友善利用，創造學習和實踐過程的成就感，這些資

源，珊迪兔的書和課程裡都有，而且面向很完整。

這樣的「一步一步」，我自己的課程都沒有做到，但是珊迪兔做到了，不管是一張表單、一個動作、一個觀念，或者是一個提醒，她都鉅細靡遺的用「一步一步」的方式帶領，引導時間瑣碎的媽媽學員，透過「手把手」的近身教學相長，把家庭理財的基礎打穩打好。

一旦地基打穩了，進一步的學習就可以更扎實的往上加碼，在打地基過程中養成的理財好習慣，包括家庭記帳、現金流管理、預算控制、貸款、保險和投資等，就會讓之後更積極的投資行為，在有意識的累積下降低風險，成為幸福家庭重要的經濟支柱。

所以即使我個人已經是理財投資有厚底的媽媽，還是投入珊迪兔的課程學習，成為珊迪兔的學生和粉絲，並且公開推薦珊迪兔的書，以及她的課程，因為我希望能在我們共同的努力下，一起加油，讓台灣能有更多的媽媽，因為經濟獨立而感受到更多的自由和自在，因而能有更多的家庭，因為持續學習，因為正確且安全的理財投資行為，可以沉浸在更深刻的幸福圓滿中！

把理財套入家庭和生活當中

0.38 陳宇凱

認識珊迪兔老師是在一場家庭理財講座中，我聽過非常多場不同講師分享的理財講座，大部分的講師都在分享各式各樣的理財工具以及追求各種投報率配置，但我聽了珊迪兔老師的講座以後，才驚豔到：「原來理財也可以這樣思考？」

一直以來包含我自己在內，對於理財都有投報率迷思，但珊迪兔老師給我們的分享中，把學習到的理財套入在家庭和生活當中，那是以前的我沒有想過的，回首過去，上過了許多不同課程，但我自己不斷的想要追求所謂的「更好」或是「更完美」，但最終這些美好，應該都是要襯托自己的家庭或是人生才對，如果不是認識珊迪兔老師，可能我的人生不小心步入了本末倒置的情況也不一定。

一場講座的邂逅，讓我成為珊迪兔老師的粉絲，不只加入了他經營的社群，也付費參加的老師的優質深度課程，光是聽到學費，我立馬加入，因為我常常在花費學習不同的理財課程，但珊迪兔的價值觀是我少數認同的講師，而付費的課程內容又非常超值，等同半價就能夠學習到外面雙倍以上的內容。

以前我總覺得，要找到真心為他人付出的講師很少，可遇不可求，甚至覺得這個社會上，大部分的講師應該都主要是為了收入而開課，但深度跟珊迪兔老師學習並且經過其指導過後，才發現，這樣善良優質的講師還是有，只是平常的我並沒有發現。

在不斷追求高報酬的理財世界裡面，很難有一套方法適用在所有人身上，必須不斷不斷的親自去嘗試、去試錯，但珊迪兔的方式很不一樣，不在於一套方法適用所有人，而是讓所有人經過這套方式認識自己，進而讓自己找出最適合的方式和配置，比起強調讓大家賺大錢，更是讓每個人能夠減少虧損的風險，從財務中理解自己的消費習慣，而消費習慣又藏帶著自己的觀念以及潛意識，這些都是以前的我不曾思考過的事物。

認識珊迪兔老師不到半年的時間，讓我收穫成長非常多，除了在學習理財上面，在我的人生財務規劃以及自我價值認定，都有大幅度的成長改變，珊迪兔老師常常跟我們分享每天的感恩事物，生活中的大小逆境透過珊迪兔老師的轉念，也都成為了她的成長養分，從珊迪兔老師身上，我也覺得自己對於人生的態度慢慢開始有了調整，減少生活中的抱怨、調整重新定義過去的不愉快、把重心回歸家庭以及理想的人生等等……

很感謝有緣分讓我認識珊迪兔老師，而我也將這份緣分享給我身邊所有的朋友，希望大家都能夠一起透過和老師學習，遇見更美好的自己。

【渠成文化】Instar 002

增值力

強化財務安全的金錢創富密碼

作　　者　精算媽咪珊迪兔
圖書策劃　匠心文創
發 行 人　陳錦德
出版總監　柯延婷
執行編輯　李亞庭、蔡青容
校對協力　陳家睿、曾采穎
封面協力　L.MIU Design
內頁編排　邱惠儀
E-mail　cxwc0801@gmail.com
網　　址　https://www.facebook.com/CXWC0801
總 代 理　旭昇圖書有限公司
地　　址　新北市中和區中山路二段 352 號 2 樓
電　　話　02-2245-1480（代表號）
印　　製　鴻霖印刷傳媒股份有限公司
定　　價　新台幣 380 元
初版一刷　2023 年 7 月

ISBN 978-626-96557-5-5

Printed in Taiwan

國家圖書館出版品預行編目（CIP）資料

增值力：強化財務安全的金錢創富密碼 / 精算媽咪珊迪兔著. -- 初版. -- 臺北市：匠心文化創意行銷, 2023.07
面；　公分
ISBN 978-626-96557-5-5（平裝）

1. CST：自我肯定　2. CST：自我實現
3. CST：生活指導　4. CST：成功法

177.2　　112000556